Ensalada de judías blancas con calabacín y alcaparras (receta en pág. 31).

© Editorial EDISAN, S. A.
Propietario de los derechos para todo el mundo
Editorial EDISAN, S. A.
Narciso Serra, 25 - Tel. 433 54 07 - 28007 MADRID
3.ª EDICION
ISBN del tomo: 84-86472-53-9
Depósito Legal: M-3749-1990
Impreso en 1990
Imprime Gráficas Reunidas, S. A.
Encuadernación: Larmor

LA COCINA
DE LAS
LEGUMBRES

Indice de materias

Introducción

Las semillas de las leguminosas han constituido durante mucho tiempo una de las bases de la alimentación humana, pero en la actualidad, por razones no fácilmente explicables, su consumo ha disminuido sensiblemente. La variedad de leguminosas es enorme, pero las de mayor consumo son habitualmente: la judía, con muy variados tipos, los garbanzos, las lentejas, los guisantes, las habas, en menor cantidad las almortas, alholvas, altramuces, algarrobas, etc. En el mundo occidental apenas se consumen las habas de soja, que tanto interés tienen en la alimentación del Oriente.

Las leguminosas tienen la propiedad de fijar el nitrógeno del aire, lo que las hace muy ricas en proteínas y cuando están secas su contenido proteico puede superar al de la carne, aunque estas proteínas vegetales son de menor valor biológico. Las legumbres son también ricas en hidratos de carbono, pero su contenido de grasas es muy escaso. La elevada cantidad de celulosa que llevan en su composición hace que sean poco digeribles y que en algunas ocasiones puedan producir trastornos intestinales.

Para mejorar sus cualidades digestivas, antes de cocer las legumbres, es conveniente tenerlas en remojo durante varias horas y al cocerlas debe tenerse en cuenta su gran poder de absorción para que no las falte el agua. Su pobreza de grasas aconseja añadirles productos grasos animales o vegetales, tales como aceites, mantecas, tocino, embutidos grasos, margarina, etcétera.

No debe desperdiciarse el agua donde se han hervido las legumbres, pues en ella quedan disueltas importantes sales minerales, proteínas solubles y, en ocasiones, determinadas vitaminas.

Garbanzos en ensalada, puré, guisos, cocidos y ollas

Puré de garbanzos con butifarra

INGREDIENTES PARA 4 RACIONES:

Garbanzos cocidos: 1 tazón
Butifarra catalana: 1 pieza grande
Cebolla: 1/2 unidad
Ajo: 1 diente
Tomate frito: 1 cucharada
Aceite: 4 cucharadas
Agua o caldo: 1 litro
Pan frito a cuadraditos: 1 taza

Se fríen en el aceite la cebolla y el ajo picados muy finos, hasta que empiecen a tomar color. Mover con la cuchara de palo mientras se hacen y añadir el tomate frito en cuanto empiecen a dorarse. Cortar la butifarra a ruedas y darle una vuelta en el refrito. Se pasan los garbanzos por el pasapuré, con ayuda del caldo o el agua (en cuyo caso conviene añadir una pastilla de caldo), y se cuelan por el chino. Se calienta el puré hasta que dé unos hervores y se sirve con los picatostes y las ruedas de butifarra, después de haber rectificado el punto de sal y pimienta.

Cocido manchego

INGREDIENTES PARA 6 RACIONES:

Garbanzos: 300 g
Morcillo de vaca: 500 g
Hueso de caña: 1 unidad
Hueso de jamón: 1 unidad
Gallina: 1/2 unidad
Tocino fresco: 200 g
Chorizo: 250 g
Morcilla: 250 g
Patatas: 2 unidades
Pimiento verde: 1 unidad
Cebolla: 1 unidad pequeña
Calabacín: 1 unidad
Tomate: 1 unidad
Pasta para sopa: 250 g

Poner los garbanzos a remojo de agua templada con sal, durante doce horas. Escurrirlos, enjuagarlos y ponerlos en una olla con agua templada y la carne, el hueso de caña y el jamón, la gallina limpia y el tocino. Hervir durante unas dos horas y añadir entonces las verduras limpias y en el último cuarto de hora el chorizo y la morcilla, si son frescos. Cuando ya esté cocido todo se saca caldo, se cuela y se cuece en él la pasta de sopa durante diez minutos. Se sirve primero la sopa y luego, en fuente grande, se colocan los garbanzos, las verduras, la carne y embutidos, cortado en trozos, alrededor. Se acompaña de salsa de tomate o de «bolo avinagrado».

Bolo avinagrado:

En un buen puchero de barro se pican muy finos: cebolla, pimientos, tomate, pepino y se cubren con agua fresca. Después se aliña con vinagre de vino y sal.

Potaje de garbanzos con espinacas

INGREDIENTES PARA 6 RACIONES:

Garbanzos: 1/2 kg
Ajo: 2 dientes
Perejil: 1 rama
Huevo cocido duro: 1 unidad
Espinacas: 250 g
Aceite: 1 dl
Pan: 1 rebanada
Sal, pimienta

Se ponen a remojar los garbanzos durante doce horas. Al día siguiente se lavan en agua templada y escurridos se ponen en la olla exprés con la rejilla. Se añaden dos tazas de agua y un poco de sal y se tapa dejando cocer a presión quince minutos. Se retira, se enfría y se abre la olla dejándola al calor. En una sartén pequeña se pone el aceite y se fríe la rebanada de pan y los ajos muy dorados, se echan en el mortero y se machacan haciendo una pasta fina. Se agrega la yema del huevo cocido y se deslíe todo con un poco de agua de los garbanzos, añadiéndolo sobre éstos. Se escaldan en agua hirviendo las espinacas durante cinco minutos y se refrescan con agua fría. Se estrujan bien y se pican sobre la tabla echándolas sobre el potaje. Se sazona de sal y un poco de pimienta y se tapa de nuevo la olla, dejándola cocer a presión otros diez minutos. Se retira, se enfría y se abre la olla. Se dejan reposar un poco al calor y se sirven en legumbrera, añadiéndole la clara picadita por encima.

Garbanzos con carrillada de buey

INGREDIENTES PARA 6 RACIONES:

Garbanzos: 1/2 kg
Pie de ternera: 1 unidad
Carrillada de buey: 350 g
Laurel: 1 hoja
Ajos: 1 cabeza
Aceite: 1 1/2 dl
Patatas: 4 unidades
Huevos: 6 unidades
Bicarbonato: 1 cucharadita
Sal, pimienta, laurel

Poner los garbanzos a remojo de agua templada con una cucharadita de bicarbonato, durante unas doce horas. Al día siguiente se pelan las patatas, se lavan y se pasan los garbanzos por agua fría dos o tres veces para lavarlos bien. Se limpia el pie de ternera y se chamusca para ponerlo a cocer con los garbanzos, la patata, la carrillada, el ajo, el aceite, la hoja de laurel, la sal, la pimienta y un litro y medio de agua fría. En cuanto rompa el hervor se espuma y se baja el fuego, dejándolo cocer durante unas cinco o seis horas a fuego muy lento. Los huevos se cuecen durante diez minutos, se pasan por agua fría y se pelan. Antes de terminar la cocción se rectifica el punto de sazón. Este plato se sirve de la siguiente forma: los garbanzos con el caldo en sopera y a continuación los huevos con la patata en una fuente y la carrillada con el pie en otra. Se puede acompañar de una salsa de tomate y de una ensalada verde. Este es un plato único que se hace sólo y se puede poner a cocer durante toda la noche en un fuego mínimo para que no se deshagan ni las patatas ni los garbanzos.

Garbanzos con carrillada de buey.

Potaje de los Abruzos

INGREDIENTES PARA 6-8 RACIONES:

Guisantes: $1/2$ kg
Judías blancas: 150 g
Judías coloradas, lentejas o garbanzos: 150 g
Endivias, acelgas o espinacas: $1/4$ kg
Apio: 1 unidad
Zanahorias: 1 unidad
Cebollas: 2 unidades
Tomates maduros: 2 unidades

Ajo: 1 diente
Perejil, albahaca, menta y mejorana
Jamón crudo: 100 g
Costilla de cerdo: 250 g
Tocino: 50 g
Mano de cerdo: 1 unidad (facultativo)
Oreja: 1 unidad (facultativo)
Pasta para sopa
Queso rallado
Sal, pimienta

Las legumbres se ponen a remojo de agua con una pizca de bicarbonato

durante doce horas. Se colocan en una cazuela y se acercan al fuego cubiertas de agua para que empiecen a hervir. Pasada una hora añadir los guisantes, las carnes, incluso el tocino, la sal y pimienta a discreción, y cuando estén cocidas desprender los huesos, retirarlos y partir la carne en trocitos. Dejarla al calor con un poco del caldo de la cocción. Aparte, en otra cazuela se cuecen las verduras, bien lavadas y cortadas en trocitos, dejando aparte el perejil, el ajo y el tomate. Picar el tocino con la media luna (se facilita la operación calentando un poco la hoja). Picar el perejil, la cebolla y el ajo. Hacer un refrito con todo esto y el tocino, añadir el tomate, sin piel ni pepitas, y cuando esté frito verterlo sobre el caldo con la carne; añadir las verduras, cocidas y escurridas, los guisantes y las legumbres con suficiente caldo. Por último se echa la pasta y se cuece diez o quince minutos antes de servir. Se sirve todo junto en una gran sopera espolvoreada de queso rallado. Acompañar en la mesa con más queso rallado.

Potaje de garbanzos (1)

INGREDIENTES PARA 6 RACIONES:

Garbanzos: $1/2$ kg
Bacalao desalado: $1/2$ kg
Espinacas: $1/2$ kg (pueden ser congeladas)
Ajo: 1 diente
Pan: 1 rebanada
Azafrán: unas hebras
Huevo duro: 1 unidad
Aceite: $1/2$ vaso
Patatas: $1/2$ kg
Sal

En una olla con agua hirviendo se ponen los garbanzos y el bacalao que previamente habremos tenido en remojo la noche anterior. En un cazo con agua se ponen las espinacas; si son frescas se limpian y trocean; si son congeladas no es necesario. Se deja hervir cinco minutos. En una sartén se pone el aceite, se fríe una rebanada de pan y el diente de ajo. Esto se echa en el mortero y se machaca. Se rehogan las espinacas en el aceite y se echan en la olla. Luego se añaden las patatas cortadas en cuadraditos. En el mortero se ponen unas hebras de azafrán, se deslíe con un poco de caldo caliente y se echa a los garbanzos, se sazona y se deja hervir lentamente. Antes de servir se pica el huevo duro y se echa por encima.

Olla gitana

INGREDIENTES PARA 4 RACIONES:

Garbanzos: 200 g
Judías blancas: 100 g
Judías verdes: 1/4 kg
Calabaza: 1/4 kg
Zanahorias: 2 unidades
Patatas: 1/2 kg
Cebolla: 1 unidad
Tomate maduro: 1 unidad
Peras: 3 unidades
Pimentón: 1 cucharada
Azafrán: 1 caja
Hierbabuena, sal

Se ponen en remojo los garbanzos y las judías blancas la noche anterior. A la mañana siguiente se ponen a cocer las judías en una olla con agua fría. Cuando hiervan se echan los garbanzos y la calabaza cortada en trocitos. Se deja cocer. Se prepara un sofrito con cebolla y pimentón, se vierte en la olla. Se pelan y parten a trocitos las zanahorias y las judías verdes. A la vez se echan las manzanas enteras, un tomate entero y una cebollita. Se le echa sal, el azafrán y la hierbabuena. Por último, se pelan las patatas cortadas en trocitos pequeños y se echan dejando que termine de cocer.

Tajine de Mostaganem

INGREDIENTES PARA 6 RACIONES:

Carne picada: 1/2 kg
Espalda de cordero: 1 kg
Huevos: 4 unidades
Tomates: 4 unidades
Garbanzos cocidos: 150 g
Pan rallado: 200 g
Aceite: 2 vasos
Mantequilla: 50 g
Perejil: 1 ramito
Limón: 1 unidad
Sal, pimienta, azafrán

Para preparar las albóndigas se mezclan en un bol la carne picada, 50 g de pan rallado, un huevo, el perejil picado y algo de sal. Se forman unas albóndigas que se aplastan ligeramente y se pasan por harina. Después se baten los huevos como para tortilla y se rebozan las albóndigas, pasándolas a continuación por el resto del pan rallado. Freirlas en aceite y reservarlas. En una cacerola se pone la mantequilla y tres cucharadas soperas de aceite para saltear la espalda de cordero, cortada en trozos regulares y con su sal correspondiente. Cuando esté dorada añadir las cebollas picadas y luego los tomates pelados y sin pepitas.

Salpimentar y añadir una hebra de azafrán. Se moja con el agua hirviendo las albóndigas, justo hasta que la carne quede cubierta, se añaden los garbanzos, se tapa la cacerola y se deja cocer durante una hora. Si se hace en la tajina, como es de barro, habrá que aislarla del fuego con una plancha de amianto. Cuando esté a medio cocer se riega el conjunto con el jugo de medio limón. Se rectifica el punto de sal y pimienta y se sirve muy caliente.

Potaje de los Abruzos (pág. izda. arriba).
Potaje de garbanzos (1) (pág. izda. abajo).
Olla gitana (pág. dcha.).

Callos con garbanzos

INGREDIENTES PARA 8 RACIONES:

Garbanzos: 200 g
Callos de ternera: $^1/_2$ kg
Pata de vaca o ternera: 1 unidad
Tomates: 100 g
Cebolla: $^1/_4$ kg
Ajo: 2 dientes
Pimientos choriceros: 4 unidades
Chorizo: 1 unidad
Morcilla: 1 unidad
Vino blanco: 1 vaso
Aceite: 1 dl
Pimentón, perejil, sal, pimienta, clavo

Se limpian los callos, lavándolos bien
como si fuera ropa (o se compran
lavados) después de haberlos tenido
en remojo durante unas horas y se
aclaran con agua y vinagre. Se limpia
la pata cortada al medio y se chamusca
bien. Se cortan en trozos, se cubren de
agua fría y se da un hervor de unos
cinco minutos.

Se escurren, se tira el agua y se ponen
con agua fría, perejil, cebolla, sal,
pimienta y clavo. Se deja cocer unas

cuatro o cinco horas hasta que estén tiernos. (En la olla exprés pueden tardar cuarenta y cinco minutos).

Se cuecen los garbanzos, después de tenerlos en remojo durante venticuatro horas, con cebolla, pimienta en grano, unos clavos y el chorizo.

Se ablandan los pimientos en agua durante unas horas. Se pone el aceite en una sartén y se añade la cebolla y el ajo picado. Cuando se dore se añade el tomate pelado, la carne de los pimientos raspada con un cuchillo y el pimentón. Se añade el vino, la sal y un cucharón de caldo de cocer los callos y se dan unos hervores.

Se colocan los callos escurridos en una cazuela, se añade el refrito y el chorizo y se deja cocer el conjunto, moviendo la cazuela y procurando añadir más agua de cocer los callos para que queden siempre cubiertos. Cuando lleve una media hora se añade la morcilla y los garbanzos y se dan unos hervores.

Se rectifica el punto de sal y el punto de la salsa, que debe estar trabada gelatinosa, es decir, que se pegue la lengua al probarlos. Si se quiere se les puede añadir unos aros de guindilla.

Potaje de garbanzos y espinacas a la madrileña

INGREDIENTES PARA 6 RACIONES:

Garbanzos: $^1/_2$ kg
Aceite: 1 dl
Cebolla: $^1/_4$ kg
Zanahorias: 150 g
Espinacas: $^1/_4$ kg
Tomates: 150 g
Huevos duros: 2 unidades
Sal, perejil, laurel, ajo, pimienta

En una olla se ponen a cocer con abundante agua los garbanzos, que se habrán tenido en remojo en agua salada desde el día anterior. Cuando comiencen a hervir se espuman y se les añade un poco de aceite, una cebolla, la zanahoria, un ramito de perejil, una hoja de laurel y un par de ajos; este conjunto se deja cocer hasta que los garbanzos estén tiernos. Mientras cuecen se limpia y lava un manojo de espinacas, que se pone a hervir, y cuando estén en su punto se escurren y se pican, agregándolas a los garbanzos. Entonces se retiran la cebolla y la zanahoria que se pusieron en el potaje y se pasan por un tamiz, acompañadas de una cucharada de garbanzos; el puré que se obtiene se mezcla con el potaje. Aparte, en una sartén, se pone aceite y se fríe un poco de cebolla picada muy fina, un ajo y una ramita de perejil picado. También se añade un poco de pimienta y tomate. Este refrito se echa en el potaje después de desleirlo en un poco de caldo. También se puede agregar bacalao.

*Callos con garbanzos
(izda.).
Potaje de garbanzos y espinacas
a la madrileña (dcha.).*

Potaje de garbanzos (2)

INGREDIENTES PARA 5 ó 6 RACIONES:

Garbanzos: 1/2 kg
Cebollas blancas: 2 unidades
Ajo: 2 dientes
Huevo cocido duro: 1 unidad
Pan: 3 ó 4 rebanadas
Espinacas: 1 puñadito
Perejil: 1 rama
Pimiento seco: 1 unidad
Bastante aceite
Sal, pimienta negra

Nota: Hay quien le pone además 1 ó 2 tomates, unas hebras de azafrán o una hoja de laurel, etc. Los aditamentos son facultativos y no alteran nada el procedimiento de cocción.
Se comienza por elegir buen garbanzo y se tiene en remojo, con abundante agua fría y un poco de sal, por espacio de venticuatro horas (doce horas no basta). Cuando se vayan a echar en el puchero se escurren y se tienen en agua templada, añadiéndoles después agua más caliente (esto es para que no les haga impresión al echarlos en agua hirviendo y no endurezcan).
Hecho esto, se pone un puchero al fuego con su correspondiente agua; cuando rompa el hervor se echan los garbanzos, un chorretón de aceite y se dejan cocer con calma hasta que estén bien tiernos (hirviendo despacio y sin parar). Se pone a la vez en una sartén bastante aceite, se añaden las cebollas picadas, los dos dientes de ajo, una rama de perejil y unas rebanadas de pan; se deja cocer despacio, cuidando de que no se agarre; cuando se haya dorado se le añade un pimiento choricero, previamente remojado, y agua de los garbanzos. Se lavan las espinacas, retirándoles los tallos, y se ponen con el frito de cebollas. Se hace cocer el huevo duro, se retira la yema, se aplasta ésta, se deslíe con un poco de caldo y se añade a los garbanzos.
Unos tres cuartos de hora antes de que se vaya a servir se retira casi toda el agua de los garbanzos y se reserva; se pasa por el chino todo el contenido de la sartén, que ha de estar en papilla, apretando mucho para que pase todo o casi todo, añadiéndole un poco del agua de los garbanzos reservada para esto; téngase en cuenta que la salsa ha de quedar gordita y que será más fácil adelgazarla que espesarla luego; se vierte la salsa en el puchero de los garbanzos. Se sacude dicho puchero para que la salsa envuelva bien los garbanzos; se sazona con sal y pimienta y se hace cocer muy despacio para que la salsa no se agarre y los garbanzos se conserven enteros.

Cocido madrileño

INGREDIENTES PARA 8 RACIONES:

Garbanzos: 400 g
Tocino: 100 g
Morcillo: 1/2 kg
Gallina: 1/4 kg
Jamón de punta: 150 g
Hueso de jamón: 1 unidad
Huesos de rodilla: 3 unidades
Chorizo: 200 g
Morcillas: 2 unidades
Ternera picada: 400 g
Tocino: 50 g
Huevo: 1 unidad
Zanahorias: 2 ó 3 unidades
Patatas: 3 unidades
Repollo: 2 kg
Pan rallado, perejil, sal, fideos finos (un puñado por persona)

Se ponen los garbanzos a remojo de agua templada, bastante salada, la noche anterior. Se flambea y se limpia la gallina y se raspan los huesos del jamón. Se limpian las zanahorias, se lavan y se lavan los huesos.
Se pone en una olla grande (puede ser la olla exprés) los huesos de rodilla, de jamón, la carne de morcillo, el tocino, la gallina, el jamón y la zanahoria. Se colocan los garbanzos en una red, para que no se deshagan y se ponen en la olla. Se acerca el fuego, se espuma cuando rompa el hervor y se deja cocer por espacio de dos horas y media. Si se hacen en la olla tardan treinta minutos. Al final de la cocción se añade la sal, el chorizo, la morcilla y la patata. Se deja cocer durante quince minutos con olla descubierta y a poco fuego. Mientras tanto se pica y se lava el repollo y se cuece en agua hirviendo con sal y una cucharada de azúcar. Se escurre bien y se rocía con la grasilla que sobre en el caldo del cocido.
Para preparar la «pelota» o «relleno», se amasa la carne de ternera con perejil picado, sal, el tocino picado, un diente de ajo picado, huevo y una cucharada de pan rallado. Se da la forma de rollo, se pasa por pan rallado y se cuece durante quince minutos en el caldo del cocido.
Si se hace en la olla exprés, como no hay mucha capacidad para caldo, se puede sacar el primero y añadir más agua para luego juntar los dos. Con el caldo se prepara una sopa en la que se cuece un puñado de fideos o pasta fina por cada comensal. Se sirve la sopa. En una fuente grande los garbanzos con las verduras y en otra la carne, tocino, morcilla, chorizo, jamón y el relleno cortado en lonchas. Se acompaña de salsa de tomate y ensalada de escarola.

Cocido castellano

INGREDIENTES PARA 6 RACIONES:

Carne de vaca (morcillo): 300 g
Garbanzos: 300 g
Chorizo: 1 unidad
Tocino saladillo: 100 g
Jamón: 1 punta
Repollo: 1 unidad
Hueso fresco de caña: 1 unidad
Gallina: 1 despojo
Patatas: 1/2 kg
Cebolla: 1 unidad

Se echan en remojo los garbanzos la víspera. Se echan en la olla la carne, los garbanzos, la cebolla asada en la placa, el tocino, la punta de jamón, los huesos y un poco de sal. Se llena la olla de agua, dejando una cuarta parte libre. Se tapa y se pone a calentar. Cuando salga una columnita de humo por la chimenea de la olla se pone la válvula y se deja que tome presión. Ya con la presión necesaria, se rebaja un poco el fuego, dejándolo cocer durante quince minutos. Pasado este tiempo se deja enfriar la olla, se abre y se echan las patatas, mondadas y lavadas, y el chorizo. Se vuelve a tapar la olla y se deja calentar nuevamente para que tome presión y cueza cinco minutos más. Se vuelve a enfriar y ya fría se abre la cacerola y se saca el caldo y todos los demás artículos a otra cacerola. Se pone el repollo picado en la olla, se echa 1/2 vaso de agua y un poco de sal, se tapa y se vuelve a calentar dejándola cocer a presión diez minutos. Se enfría, se saca el repollo, se escurre bien y se rehoga en una sartén con aceite frito y unos ajos. Se hace una sopa de pastas con el caldo, se sirven los garbanzos, las patatas, la verdura, la carne, tocino y chorizo trinchado alrededor de la fuente y de los garbanzos. Se puede servir tomate frito en una salsera. En vez de repollo se puede poner otra verdura.

Cocido castellano.

Cocido con albóndigas (Guadalajara)

Se hace un cocido como todos los anteriores, y poco antes de que esté se le añaden unas albóndigas de carne picada. También se suele llamar cocido relleno y es típico comerlo en las fiestas y ferias.

Para las albóndigas:

Carne picada: $^1/_4$ kg
Yema de huevo: 1 unidad
Ajo: $^1/_2$ diente
Pan mojado en leche: 100 g
Perejil, sal, pimienta
Harina o pan rallado para rebozar

Se amasan todos los ingredientes y se forman unas albóndigas apretadas que se rebozan en harina o pan rallado, con cuidado de que no se deshagan. Se les da un hervor en el caldo.
En otras zonas de Castilla en lugar de albóndigas pequeña se hace un gran albondigón redondo o alargado. Dado su mayor tamaño hay que cocerlo durante quince o veinte minutos por lo menos, después de haberlo rebozado en harina o pan rallado como los pequeños.

Potaje blanco

INGREDIENTES PARA 6 RACIONES:

Garbanzos: $^1/_4$ kg
Patatas: $^1/_4$ kg
Manteca de cerdo: 100 g
Judías blancas: $^1/_4$ kg
Arroz: $^1/_4$ kg
Cebolla: 1 unidad
Ajo: 1 cabeza
Laurel: 1 hoja
Sal, pimienta

Se echan a remojo los garbanzos y las judías blancas. En la olla exprés, con la rejilla, se ponen las judías y los garbanzos, la cebolla picada, la cabeza de ajo, el laurel y la manteca de cerdo. Se agregan tres tazas de agua y un poco de sal, se tapa y se deja cocer a presión veinte minutos. Se retira, se enfría y se abre la cacerola. Se echan las patatas partidas en cuadraditos y el arroz. Si hace falta se añade $^1/_2$ taza de agua. Se tapa de nuevo y se cuece a presión seis minutos. Se retira, se enfría, se abre la cacerola y se deja reposar un poco. Se sirve en legumbrera.

Encebollado de garbanzos

INGREDIENTES PARA 6 RACIONES:

Garbanzos: 600 g
Hueso de caña: 1 unidad
Hueso de jamón: 1 unidad
Tocino entreverado: 200 g
Tomate: 1 unidad
Cebolla: 1 unidad
Pasta para sopa: 250 g
Sal, pimienta, clavo

Refrito:

Aceite: 1 dl
Cebolla: 1 unidad
Ajo: 2 dientes
Perejil, pimienta molida, pimentón

Poner los garbanzos a remojo de agua templada con sal, durante unas doce horas. Escurrirlos, enjuagarlos y ponerlos

Cocido con albóndigas (Guadalajara) (pág. izda. arriba).
Potaje blanco (pág. izda. abajo).
Encebollado de garbanzos (pág. dcha.).

a cocer en agua templada con el hueso de caña, el de jamón y el tocino. Lavar el tomate y pelar la cebolla, pincharla con el clavo y echarlos a la cazuela. Dejar cocer a fuego lento durante unas dos horas y media. Cuando esté, sacar caldo para preparar la sopa que servirá de primer plato y echar la pasta. En el aceite freír la otra cebolla y los ajos picados finos; añadir el pimentón, la pimienta, una pizca de sal y freír los garbanzos durante unos quince minutos sin parar de mover. Servir inmediatamente, acompañados de salsa de tomate.

Ensalada de garbanzos y judías verdes

INGREDIENTES PARA 6 RACIONES:

Garbanzos: 1/2 kg
Judías verdes 1/2 kg
Cebolleta: 1 unidad
Huevos duros: 2 unidades
Anchoas: 1 lata
Zanahorias: 2 unidades
Tomates: 2 unidades
Aceite de oliva virgen: 1,5 dl
Vinagre: 1/2 dl
Sal, pimienta, perejil

Para cocerlos:

Cebolla: 1 unidad
Ajo: 1 diente
Laurel: 1 hoja
Pimienta: 6 granos
Clavos: 2 unidades
Sal

Poner los garbanzos en agua la noche anterior y cocerlos como de costumbre. Escurrirlos y enfriarlos. Limpiar y picar la cebolleta. Limpiar las zanahorias y cortarlas en juliana. Lavar los tomates y cortarlos en gajos. Desalar las anchoas. Preparar el aliño del modo siguiente: Mezclar el vinagre con la sal y la pimienta y a continuación con el aceite batiéndolo con un tenedor. Mezclar todos los ingredientes, menos el tomate, y aliñarlo con la vinagreta. Colocar en una ensaladera, mezclando también el huevo duro picado. Rectificar el punto de sal y adornar con los gajos de tomate colocados alrededor. Espolvorear todo de perejil picado. Servir frío.

Ensalada de garbanzos y judías verdes.

Potaje de garbanzos a la catalana

INGREDIENTES PARA 6 RACIONES:

Garbanzos: $^1/_2$ kg
Butifarra catalana: 250 g
Cebollas medianas: 2 unidades
Tomates: 3 ó 4 unidades
Huevos duros: 2 ó 3 unidades
Manteca de cerdo
Sal, pimienta

Los garbanzos, puestos a remojar desde el día anterior, se cuecen con agua hirviendo y sal. Se pica fina la cebolla y se fríe con manteca; se agregan los tomates pelados y quitadas las pepitas, se rehoga un poco, se añade también la butifarra cortada en rodajas gruesas, se fríen un poco, se agregan entonces los garbanzos bien escurridos, se hace dar al conjunto un par de vueltas, con precaución para que no se revienten los garbanzos, se vierte caldo de garbanzos hasta ponerlo en buen punto. Se deja cocer con calma.
Ténganse unos huevos cocidos duros y cuando se vaya a servir córtense en rebanadas y colóquense en el potaje.

Menúo gitano

INGREDIENTES PARA 6 RACIONES:

Garbanzos: 300 g
Cuajar: $^1/_4$ kg
Manos de ternera: 2 unidades
Chorizo: 2 unidades
Morcilla: 1 unidad
Callos: 1 kg
Cebolla: 1 unidad
Zanahoria: 1 unidad
Pimiento verde: 2 unidades
Tomates: $^1/_4$ kg
Aceite: 3 cucharadas
Jamón: 50 g
Vinagre, sal, limón, ajo, pimentón, nuez moscada, azafrán, perejil, hierbabuena, hueso de jamón

Se limpian los callos de piltrafas y se cortan en trozos de tamaño mediano, echándolos en un barreño. Las manos de ternera se abren por la mitad y se cortan en trozos, poniéndolas en el mismo barreño donde se ha puesto el menudo, se agrega el vinagre, sal y el zumo de limón, trabajando las dos manos para que se impregnen bien de esta mezcla; después se pasa a otra vasija y se repite la operación, añadiéndole agua. Así se hace tres o

cuatro veces. Cuando el agua quede muy clara se vierte quedando los callos para guisar.
Se pone todo en una olla, se cubre con agua y se pone al fuego. Cuando está hirviendo se quita el agua y se agregan los garbanzos, que se habrán puesto en remojo antes, la cebolla picada, la zanahoria cortada en rodajas, cuatro dientes de ajo picados, una cucharada de pimentón, el perejil y la hierbabuena, atados en un ramito, y el hueso del jamón. Cuando todo esté en el puchero se cubre con agua, se sazona y se pone al fuego, donde se deja cocer hasta que quede tierno.
Cuando esté casi a punto se le añaden los chorizos y la morcilla, dejándolo cocer quince minutos más.
Mientras tanto se prepara un refrito de cebolla, pimientos verdes, tomates y pedacitos de jamón, y cuando todo se haya dorado se vierte en la olla rectificando el sazonamiento.
Una vez preparado el guiso se sirve en una fuente honda, trinchando los chorizos y las morcillas.

Potaje de garbanzos (3)

INGREDIENTES PARA 8 RACIONES:

Garbanzos: 600 g
Huevos duros: 2 unidades
Espinacas: 1 kg
Cebolla: $^1/_2$ kg
Ajo: 2 dientes
Pan: una rebanada
Bacalao: 200 g
Aceite: 1 dl
Perejil, sal, pimienta negra

Se ponen los garbanzos y el bacalao en remojo de agua fría durante venticuatro horas. Se escurren, se ponen en una cazuela cubiertos de agua templada y se ponen a hervir con un chorreón de aceite, durante unas dos horas o hasta que estén tiernos. Mientras tanto se limpian las espinacas y se cuecen en agua hirviendo con sal durante unos cinco minutos. Se escurren y se pican en la tabla. Se pica la cebolla y los dientes de ajo y se fríen, sin que tomen color con el aceite. Se fríe encima el pan y el bacalao desmenuzado o cortado en trocitos. Se añaden las espinacas y se rehogan.
Se moja con un cucharón del agua de cocer los garbanzos, procurando que se deshaga bien el pan frito. Se añaden las dos yemas de los huevos duros. Se junta con los garbanzos y después de que dé unos hervores se rectifica el punto de sal

y se añaden dos vueltas de molino de pimienta negra. Al momento de servir se espolvorea por encima con las claras picadas.

Ensalada de garbanzos a la francesa

INGREDIENTES PARA 6 RACIONES:

Garbanzos: $^1/_2$ kg
Espinacas: $^1/_2$ kg, muy pequeñas y tiernas
Bacon: 100 g
Ajo picado: 1 diente
Vinagre: 3 cucharadas
Sal

Para cocerlos:

Cebolla: 1 unidad
Ajo: 1 diente
Laurel: $^1/_2$ hoja
Pimienta: unos granos
Clavos de especie: 3 unidades
Sal

Los garbanzos se ponen a remojo de agua con sal la víspera. Se escurren, se aclaran, se cubren de agua y se acercan al fuego. Se añade la cebolla, el ajo, el laurel, el clavo y la pimienta, y se deja cocer a fuego lento por espacio de hora y media. Se añade la sal y se deja cocer hasta que estén tiernos. Tardarán aproximadamente unas dos horas o dos horas y media, según la calidad de los garbanzos. Mientras tanto, lavar las espinacas muy bien y fondear una ensaladera con las hojas más enteras. Picar las otras más finas y mezclar con los garbanzos cocidos, escurridos y fríos. Freír el pan en el aceite y a continuación el bacon cortado en trocitos. Añadir, si fuera preciso, un poco más de aceite y freír el ajo picado cuidando de que no se queme; añadir el vinagre en la sartén y verter sobre los garbanzos, mezclándolos con las espinacas cortadas, los picatostes en cuadraditos y el bacon. Colocar sobre las hojas de espinacas. Esta ensalada se puede tomar fría o templada, es decir, recién preparada, y da igual que los garbanzos se compren cocidos. Antes de poner en la ensaladera hay que rectificar el punto de sal.

Potaje de garbanzos a la catalana (arriba).
Ensalada de garbanzos a la francesa (abajo).

Potaje de garbanzos y arroz

INGREDIENTES:

Garbanzos: 250 g
Patatas: 250 g
Arroz: 2 jícaras
Aceite: 1 cucharón
Cebolla picada: 1 unidad
Ajo: 3 dientes
Azafrán: unas hebras
Sal, pimienta negra

Los garbanzos, puestos a remojar la víspera, se ponen a cocer en agua hirviendo y sal; ya tiernos se agregan las patatas peladas y el arroz.

Se pone aceite en la sartén y se fríen los ajos; ya dorados, se retiran; se pone la cebolla picada, se fríe y se añade a los garbanzos, así como los ajos y el azafrán bien majados y desleídos con un poco de caldo; se rectifica la sal, se añade un poco de pimienta y se deja cocer suavemente.

Si la salsa está fluida se espesa aplastando dos cucharadas de garbanzos y agregándolas al guiso.

Nota: Se podrán poner, además, tomates frescos o de conserva y pimentón dulce o picante; se suprime el azafrán, se le agrega perejil picado, bacalao, huevos cocidos duros y picados, etcétera.

Garbanzos con mojo de pimientos y huevo duro

INGREDIENTES PARA 6 RACIONES:

Garbanzos: $1/2$ kg
Pimientos rojos grandes: 3 unidades
Cebolla: 1 unidad
Ajo: 1 diente
Tomate: 1 unidad
Huevos duros: 2 unidades
Aceite para asar los pimientos: 1 dl
Vinagre para aliñarlos: 2 cucharadas
Sal

Para cocerlos:

Cebolla: 1 unidad
Ajo: 1 diente
Laurel: $1/2$ hoja
Pimienta: unos granos
Sal

Poner los garbanzos a remojo de agua fría la víspera y cocerlos como de costumbre. Los pimientos se lavan, se

suprime el rabo y las semillas, se engrasan por fuera y se les pone sal por dentro y por fuera. Se colocan en una bandeja de horno junto con el tomate, el diente de ajo y la cebolla y se asan en el horno durante una hora, dándoles la vuelta de cuando en cuando para que no se quemen. Se dejan enfriar en el horno lentamente, para que sea fácil pelarlos, o se meten en una cazuela y se tapa, o se envuelven en papel de periódico. Esto es para que «suden» y se desprenda fácilmente la piel. Machacar el ajo asado con un poco de sal, la cebolla y el tomate, añadir el aceite y el vinagre. Cortar los pimientos en tiras. Cuando los garbanzos estén casi cocidos, mover la cazuela para que suelten la harina y espesen la salsa, que debe ser la justa para cubrirlos. Añadir los pimientos en tiras, aliñados con el majado de ajo, cebolla, tomate y con el aceite y vinagre. Mezclar bien, espolvorear de huevo duro y servir. Estos garbanzos se pueden servir fríos o calientes. Antes de ponerlos en la fuente rectificar el punto de sal.

Potaje de rellenos o panecicos (Albacete)

INGREDIENTES PARA 6 RACIONES:

Garbanzos: $1/2$ kg
Acelgas o espinacas: 1 kg
Patatas: 2 unidades gordas
Cebolla: 1 unidad
Sal

Relleno:

Bacalao desmenuzado: 250 g
Cebolla: 1 unidad
Ajos picados: 1 unidad
Pan rallado: 4 cucharadas
Huevos: 2 unidades
Aceite abundante para freír

Potaje de garbanzos y arroz (izda.). Garbanzos con mojo de pimientos y huevo duro (dcha.).

Los garbanzos se ponen a remojo de agua con sal la víspera y al día siguiente se enjuagan y se ponen en una cazuela cubiertos de agua fría. Cuando lleven cociendo como una hora y media o dos horas, se añaden las acelgas o espinacas, lavadas y cortadas gruesas, las patatas en trozos y un refrito de cebolla, tomate con sal y una pizca de azúcar. Se deja cocer hasta que estén los garbanzos tiernos. Antes de apartarlo del fuego se le añaden los rellenos, que deben dar un hervor. Estos rellenos se hacen amasando el bacalao desmenuzado (que ha estado en remojo durante venticuatro horas) con la cebolla y el ajo picado, el pan rallado y el huevo batido. Se hace una pasta blanda y con ayuda de una cuchara se cogen porciones que se fríen en abundante aceite caliente. Servir en cuanto los rellenos o panecillos hayan dado un hervor.

Garbanzos a la catalana

INGREDIENTES PARA 4 RACIONES:

Garbanzos: 350 g
Butifarra: 100 g
Cebollas: 2 unidades
Aceite: 4 cucharadas
Tomates: 3 unidades
Huevos: 1 unidad
Sal, pimienta, laurel

Se dejan en remojo los garbanzos durante doce horas por la noche. Se cuecen en la olla durante veinte minutos, cubiertos de agua hirviendo salada, con un casco de cebolla y una pizca de laurel.

En una sartén amplia se fríe en el aceite la cebolla picada fina y los tomates pelados y sin pepitas. Cuando tengamos una salsa espesa se añade la butifarra cortada en ruedas grandes y se rehoga. Se escurren los garbanzos ya cocidos y se rehogan con el frito, se añade un poco de agua de la cocción y se da unos hervores para que se una la salsa, pero con cuidado de que los garbanzos no se deshagan.

Garbanzos aliñados

INGREDIENTES PARA 6 RACIONES:

Garbanzos: 1/2 kg
Bicarbonato: 1 pellizco
Hueso de codillo más bien grasiento: 1 unidad
Puerros medianos (sólo lo blanco): 2 unidades
Zanahorias: 1/4 kg
Tomates medianos: 3 unidades
Sal, agua

Para la salsa:

Vinagre: 3 cucharadas soperas
Aceite fino: 9 cucharadas soperas
Caldo de cocer los garbanzos: 2 cucharadas soperas
Huevos duros picados: 2 unidades (1/2 se deja para adornar la fuente)
Perejil picado: 1 cucharada (de las de café)
Cebolla picada: 1 cucharada (de las de café)
Sal

Se ponen los garbanzos en remojo, por lo menos doce horas antes de hacerlos,

con un pellizco de bicarbonato y un poco de sal, en agua templada. Después de estar en remojo se lavan bien para que no les quede nada de bicarbonato y

Potaje de rellenos o panecicos (Albacete) (pág. izda. arriba), receta en pág. 21. Garbanzos a la catalana (pág. izda. abajo). Garbanzos aliñados (pág. dcha.).

se ponen en agua caliente (pero no hirviendo), con sal, el codillo, los puerros, pelados y lavados, y las zanahorias, igualmente lavadas y raspada la piel con un cuchillo.

Si estas son grandes se cortan en dos a lo largo. Se pone a fuego mediano, más bien lento.

Se dejan cocer el tiempo necesario (éste dependerá de la clase de los garbanzos y del agua: la más fina es la mejor y la que tiene más cal la peor). Deberán cocer de dos a tres horas.

Una vez cocidos se escurren bien de su caldo y se ponen en una fuente redonda, en un montón. Se adorna la fuente todo alrededor con rodajas de tomate, y encima los garbanzos, en estrella, se ponen las zanahorias con 1/2 huevo duro picado en el copete. Se sirve con una salsa vinagreta, en salsera aparte, que se prepara poniendo el aceite, el vinagre, el caldo, la sal, 1 1/2 huevo duro picado, el perejil muy picado y la cebolla (facultativa) muy picada también.

Nota: El caldo de cocer los garbanzos es muy bueno y se puede utilizar para cocer arroz, hacer una sopa, etc.

Garbanzos guisados a la madrileña (arriba).
Garbanzos de las monjas (abajo).

Garbanzos de las monjas

INGREDIENTES PARA 6 RACIONES:

Garbanzos: 1/2 kg
Espinacas: 1/2 kg
Ajos: 2 unidades
Huevos duros: 2 unidades
Aceite: 1 dl
Pan: una rebanada grande
Sal, pimienta, azafrán

Poner los garbanzos a remojo de agua la noche anterior. Lavarlos con agua a la misma temperatura, escurrirlos y ponerlos en la olla exprés con dos tazas de agua (siempre a temperatura ambiente) y sal. Se cuecen durante quince minutos y mientras tanto se fríen los ajos en el aceite y la rebanada de pan. Escurrirlos del aceite y machacarlos en el mortero junto con las yemas de los huevos y las hebras de azafrán. Se deslíen con un poco de caldo del de cocer los garbanzos y se añaden a la olla. Las espinacas (se pueden sustituir por acelgas) se lavan bien, se cuecen en agua hirviendo durante cinco minutos y se echan a la olla junto con los garbanzos, después de haberlas

escurrido de su agua y picado sobre la tabla. Se vuelve a tapar la olla y se deja que «pite» durante otros diez minutos, teniendo en cuenta que los garbanzos no han dejado de cocer aunque se haya abierto la olla y se haya añadido el refrito y las espinacas. Se sirven con clara de huevo picada por encima.

Garbanzos guisados a la madrileña

INGREDIENTES PARA 6 RACIONES:

Garbanzos: 600 g
Chorizos: 2 unidades
Manteca de cerdo: 100 g
Tomate: 2 cucharadas de puré
Cebolla: 1 unidad
Ajo: 1 unidad
Pimentón: 1 cucharadita
Cominos: 1/2 cucharadita
Laurel: 1 hoja
Azafrán: unas hebras tostadas
Vino blanco seco: 1 vasito
Pan: 1 rebanada
Huevos: 2 ó 3 unidades
Sal, pimienta, perejil

La víspera de la preparación se ponen los garbanzos en remojo de agua templada con sal. Tres horas antes de servir la comida poner una cazuela con agua a hervir y en el momento en el que rompa, añadir los garbanzos, los chorizos y el laurel, tapar la cacerola y dejar cocer a fuego lento, pero sin que pare el hervor. Mientras tanto cocer los huevos diez minutos, refrescarlos en agua y picarlos. En una sartén pequeña se pone la manteca de cerdo y se fríe en ella la rebanada de pan, se saca al mortero y se fríe en la misma grasa la cebolla y el ajo picados. En cuando se empiecen a dorar se añade el pimentón, teniendo cuidado de retirar la sartén del fuego para que no se queme. Seguidamente añadir el tomate en puré (o dos tomates pelados y sin pepitas) y mojar con el vino. Se deja al fuego unos minutos para que se consuma y se añade a los garbanzos cuando estén casi cocidos. Salpimentar. En el mortero se machaca el pan frito con los cominos y el azafrán tostado y se disuelve con un poco de caldo de los garbanzos. Añadir a la cazuela el majado del mortero y los huevos duros picados finos, para que casi se deshagan. Servir los garbanzos muy calientes y después de haber rectificado el punto de sal. Deben quedar caldosos para tomar con cuchara, pero la salsa trabada.

Lentejas en ensaladas, guisadas, purés, cremas y guarnición

Lentejas al modo del alto Aragón

INGREDIENTES PARA 6 RACIONES:

*Lentejas: ¹/₂ kg
Puerros: 2 unidades
Setas o champiñones: 150 g
Cebolla: 1 unidad
Tomates: 2 unidades
Hueso de jamón: 1 unidad
Morcilla: 1 unidad*

Se ponen en remojo las lentejas desde el día anterior; se les cambia el agua y se pone a cocer con el hueso de jamón. Aparte se rehogan bien los puerros, la cebolla, las setas, el tomate y la morcilla, todo picado. Cuando las lentejas se hayan cocido se les agrega este sofrito y se dejan cocer diez minutos más. Antes de retirarlas del fuego se les añaden unas gotas de aguardiente anisado y una copa de vino moscatel de Cariñena.

Lentejas estofadas con codornices

INGREDIENTES PARA 4 RACIONES:

*Codornices: 4 unidades
Lentejas: ¹/₄ kg
Patatas en trozos: ¹/₂ kg
Cebolla picada: 1 unidad
Pimentón: 1 cucharada
Harina: 1 cucharada
Ajos: 1 cabeza
Laurel: 1 hoja
Vino tinto: 1 vasito
Vinagre: 2 cucharadas*

Se ponen las lentejas en remojo la noche anterior. Al día siguiente se ponen en una cazuela con agua fría. Se limpian las codornices y se parten por la mitad. Se pica la cebolla menudita y se fríe en un poco de aceite. Se dan unas vueltas. Cuando las lentejas están a medio hacer se añaden las patatas enteras, las codornices, el laurel, la cabeza de ajo y un poco de sal. Al cabo de veinte minutos se agregan el vino y el vinagre y se deja hasta que todo esté tierno.

*Lentejas al modo del alto Aragón (arriba).
Lentejas estofadas con codornices (abajo).*

Ensalada de lentejas con apio y manzanas

INGREDIENTES PARA 6 RACIONES:

Lentejas: $1/2$ kg
Apio: 1 rama hermosa
Manzanas: 3 unidades rojas (Starking)
Pasas de Corinto: 50 g
Zumo de $1/2$ limón
Curry: 1 cucharada
Nata líquida: $1/2$ dl
Sal, pimienta

Para cocerlas:

Cebolla: $1/2$ unidad
Ajo: 1 diente
Laurel: $1/2$ hoja
Perejil: 1 ramito
Pimienta: unos granos
Coñac: unas cucharadas
Sal

Poner las lentejas a remojo de agua fría durante doce horas, después de limpias y aclaradas en agua. Escurrirlas, lavarlas y ponerlas a cocer cubiertas de agua fría con la cebolla, el ajo, el laurel, los granos de pimienta y el perejil. Cuando lleven una hora cociendo salar y dejar que se terminen de hacer. Escurrirlas. Limpiar el apio y cortarlo en cuadraditos. Ponerlo en agua unos minutos y escurrirlo bien. Batir la nata líquida para montarla un poco, añadir el curry y un poco de sal. Lavar las manzanas y cortarlas en lonchas finas, reservar unos cuantos gajos para adornar y regar con un jugo de limón para que no se oscurezcan. Mezclar todos los ingredientes, aliñándolos con la nata montada con curry y zumo de limón. Rectificar el punto de sal y colocar en la ensaladera. Se sirve frío.

Lentejas simples con tocino y salchichas

INGREDIENTES PARA 6 RACIONES:

Lentejas francesas: 600 g
Cebolla pequeña: 1 unidad (50 g)
Clavos: 2 unidades
Laurel: 1 hoja
Zanahoria: 1 unidad mediana
Ajo: 2 dientes
Salchichas corrientes: 12 unidades
Panceta: ¼ kg
Aceite: 1½ vaso de los de vino (sobrará)
Sal

Se limpian cuidadosamente las lentejas y se ponen en remojo unas horas, bien cubiertas de agua fría.
En una cacerola se ponen las lentejas escurridas de su agua de remojo. Se añade la cebolla con los dos clavos

pinchados en ella, el laurel, la zanahoria raspada, lavada y partida en cuatro trozos, los dos dientes de ajo sin pelar y el tocino en un trozo. Se cubren con agua fresca abundante y no se les echa sal. Se tapa la cacerola con su tapadera y se ponen a cocer. Cuando rompe el hervor se baja el fuego para que cuezan lentamente, más o menos durante una hora o una hora y media (el tiempo dependerá de la clase).
Cuando se van a servir las lentejas se escurren (guardando el caldo). Se les quita la cebolla, el laurel, el ajo, la zanahoria y el tocino. Este se corta a cuadritos. Se pone aceite a calentar, se pinchan las salchichas en varios sitios con un palillo para que no se revienten al freír y se fríen unos cinco minutos. Se reservan al calor. Se retira como la mitad del aceite de la sartén y se ponen los cuadritos de tocino a freír unos tres minutos y se añaden las lentejas. Se

Ensalada de lentejas con apio y manzanas (izda.).
Lentejas simples con tocino y salchichas (dcha.).

revuelve todo bien y se salan. Las lentejas así salteadas se ponen en una fuente. Se colocan las salchichas por encima y se sirven enseguida.
Nota: Hay quien prefiere las lentejas algo caldosas. Se podrá entonces añadir el caldo de cocerlas en la proporción que guste. El caldo se puede guardar por si sobran lentejas y se quiere hacer un puré con ellas, pasándolas por la batidora y adornando el puré con curruscos de pan frito y un poco de arroz blanco.

Lentejas posaderas

INGREDIENTES PARA 6 RACIONES:

Lentejas: 1/2 kg
Aceite: 1 dl
Cebolla: 2 unidades
Perejil: 1 rama
Yemas de huevo: 2 unidades
Vinagre: 4 cucharadas
Sal, pimienta

Poner a remojo las lentejas con agua y un poquito de sal durante unas cinco o seis horas; escurrirlas, lavarlas y ponerlas a cocer, cubiertas de agua fría con sal. Dejar hervir a fuego lento durante una hora y media aproximadamente. Escurrirlas. Poner el aceite en una cacerola y encima la cebolla cortada a rodajas, el perejil picado y un polvillo de pimienta molida; añadir las lentejas, darles una vuelta y agregar poco a poco el caldo de cocerlas. Se deja que cuezan un rato y al servirlas se les añaden dos yemas de huevo crudo batidas con vinagre.

Lentejas con cerdo y pato

INGREDIENTES PARA 6 RACIONES:

Lentejas: 250 g
Morcillo de cerdo con hueso: 1 unidad
Salchichas gordas o butifarra: 4 unidades
Alones de pato o de pollo: 2 unidades
Cebolla: 200 g
Aceite: 1 dl
Mostaza: 1 cucharada
Perejil, sal, pimienta

Poner el aceite en la olla, dorar el morcillo y añadir la cebolla picada cuando el morcillo ya tenga color. Añadir el perejil picado y cubrir con agua fría. Poner las lentejas y dejar cocer a fuego suave durante una hora. Disolver la mostaza en un poco de caldo de las lentejas y añadirla junto con las

salchichas, sal y pimienta. Dejar hervir otros quince minutos. Servir el morcillo cortado en lonchas y rodeado de las lentejas y las salchichas.

Lentejas para guarnición

INGREDIENTES PARA 6 RACIONES:

Lentejas: 1/2 kg
Vino blanco dulce: 1 cucharada
Aceite: 1/2 dl
Nata líquida: 1 dl
Perejil, sal, pimienta

Cocer las lentejas, después de tenerlas en remojo por lo menos seis horas, hasta que estén tiernas. Escurrirlas. Saltearlas en el aceite, añadir el vino, la sal y la pimienta y unas cucharadas de agua de la cocción. Añadir la nata líquida y servir espolvoreadas de perejil, para acompañar las carnes de cerdo, caza o cordero.

Lentejas de rápida cocción con vinagreta al comino

INGREDIENTES PARA 6 RACIONES:

Lentejas de rápida cocción: 250 g
Comino: 1 cucharada
Zumo de limón: 1 cucharada
Aceite de oliva: 6 cucharadas
Vinagre: 2 cucharadas

Se ponen las lentejas en una olla con agua. Cuando el agua hierve se cuecen las lentejas hasta que estén tiernas (veinte o treinta minutos) y se cuelan.
Se mezcla el comino, zumo de limón, aceite de oliva y vinagre. Se añaden las lentejas y se remueve bien.
Se deja la mezcla una hora en la nevera. Se sirve con almejas u otro tipo de marisco.

Lentejas a la burgalesa

INGREDIENTES PARA 6 RACIONES:

Lentejas: 1/2 kg
Cebolla picada: 1 unidad
Aceite: 1 dl
Morcilla de Burgos: 100 g
Ajo: 1 diente
Harina: 1 cucharada
Pimentón: 1 cucharadita

Se ponen a remojar las lentejas la víspera. En la olla exprés, con la rejilla, se ponen las lentejas y la morcilla. Se pone en la lumbre la sartén con el aceite y se fríen la cebolla y el ajo picado. Cuando ya está dorado se agrega la harina y se dora también. Se retira del fuego y se añade el pimentón. Se echa este refrito sobre las lentejas, con dos tazas de agua. Se sazonan de sal y pimienta, se tapa la olla y se deja cocer a presión veinte minutos. Se retira, se enfría y se abre la olla. Se deja reposar un rato al calor y se sirve con la morcilla trinchada encima.

Potaje de lentejas a la francesa

INGREDIENTES PARA 6 RACIONES:

Lentejas francesas: 1/4 kg
Lechuga: 1 unidad
Mantequilla: 50 g
Nata líquida: 2 cucharadas
Cebolla: 1 unidad
Tomillo, laurel, perejil, clavo, sal, pimienta

Las lentejas francesas son una variedad de tamaño muy pequeño y oscuro, que resultan especialmente tiernas y sabrosas. Se ponen en remojo de agua templada con sal durante unas cuatro o cinco horas y después de enjuagadas, se ponen a cocer en dos litros de agua. Añadir la cebolla pelada y con el clavo pinchado y las hierbas atadas con un hilo. A media cocción se salan y se mantienen a fuego lento por un total de hora y media aproximadamente. Mientras tanto lavar y picar la lechuga y rehogarla en la mitad de la mantequilla durante unos diez minutos. Pasado este tiempo añadir a las lentejas para que cueza con ellas por lo menos una hora. Terminada la cocción se retira el ramillete de hierbas y el clavo y se rectifica el punto de sazón. Al servir añadir la nata líquida y la mantequilla, procurando que ya no cueza. Si el caldo hubiera quedado un poco líquido, se espesa pasando por el pasapurés un cucharón de lentejas y añadiéndolo. Este potaje resulta muy sabroso servido en forma de puré con costroncitos de pan frito.

Lentejas a la burgalesa (arriba).
Potaje de lentejas a la francesa (abajo).

Lentejas estofadas con jamón

INGREDIENTES PARA 6 RACIONES:

Lentejas: 600 g
Jamón: 200 g
Cebolla: 1 unidad
Tomates maduros: 2 unidades
Ajo: 1 diente
Pimentón: 1 cucharadita rasa
Vino blanco: 1 vaso
Aceite: 1 dl
Pimienta, sal

Las lentejas se limpian bien y se ponen en remojo de agua templada durante unas cuatro o cinco horas. Al día siguiente se escurren y se colocan en una olla cubiertas de agua fría y se acercan al fuego. Cuando rompa el hervor, bajar la llama y dejar que se hagan a fuego lento durante una hora y media. En una sartén puesta al fuego con el aceite y el jamón cortado en dados, se fríe la cebolla pelada y picada con el ajo en las mismas condiciones. Cuando empiece a tomar color, añadir el tomate pelado y sin pepitas y dejar que se fría hasta que pierda acuosidad. Se añade el pimentón y el vino, se deja reducir un poco y se vuelca sobre la olla de las lentejas. Se sazona con sal y pimienta y se deja que dé unos hervores. Bajar el fuego y esperar que se terminen de hacer las lentejas y que se consuma un poco el agua. Si quedan demasiado secas, se puede añadir un cucharón de caldo. Deben quedar espesas.

Lentejas con "confit d'oie"

INGREDIENTES PARA 6 RACIONES:

Lentejas: 1/2 kg
Cebolla: 1 unidad
Ajo: 3 dientes
Una lata de oca confitada, que contenga aproximadamente un cuarto de la oca
Puerro: 1 unidad
Caldo de gallina: 1 litro
Sal, pimienta, tomillo, laurel, perejil

Limpiar las lentejas, lavarlas y ponerlas a remojo de agua templada durante

Lentejas estofadas con jamón (arriba).
Lentejas con "confit d'oie" (abajo).

unas cinco o seis horas. Al día siguiente se separa la grasa que recubre el confite y se pone en una cazuela al fuego. Antes de que se funda del todo, añadir la cebolla pelada y cortada en láminas, la parte blanca del puerro limpia y en rodajitas, y el ajo chascado con el mango del cuchillo. En cuanto empiece a tomar color se añade el caldo de gallina y las lentejas escurridas y lavadas de nuevo. Se sazona con sal y pimienta, se atan las hierbas con un hilo y se incorporan a la cazuela, dejándola cocer despacio durante una hora. En este momento se añade el cuarto de oca confitado y se deja cocer otros quince minutos más o hasta que las lentejas estén tiernas. Para servirlas, calentar la fuente honda, colocar las lentejas muy calientes sin el ramillete de hierbas y poner encima el confite cortado en trozos regulares. Espolvorear de perejil picado.

Ensalada de judías blancas con calabacín y alcaparras

INGREDIENTES PARA 6 RACIONES:

Judías blancas: 1/2 kg
Calabacín: 1 de tamaño mediano
Mantequilla: 2 cucharadas
Alcaparras: 50 g
Bonito en aceite o al natural: 100 g
Lechuga: 1 ó 2 hojas
Perejil picado
Aceite (se puede aprovechar el de la lata de bonito)

Para cocerlas:

Cebolla: 1 unidad
Ajo: 1 diente
Laurel: 1/2 hoja
Pimienta, unos granos, sal

Las judías se ponen a remojo de agua fría la víspera y se cuecen como se tenga por costumbre. También se pueden comprar de conserva, cocidas al natural. Si se han cocido en casa escurrir y enfriar. Lavar el calabacín y cortarlo en dados muy pequeños. A continuación se ponen a remojo de agua con sal durante unos minutos, se escurren y se rehoga despacio en la mantequilla, hasta que quede cristalino. Se lavan y pican las hojas de lechuga y se pica también el bonito. Unir esto con las alcaparras y mezclar con las judías. Aliñar con el aceite del bonito o medio decilitro de aceite de oliva virgen, sal y el jugo que quedó de estofar el

calabacín. Mezclar bien todo, rectificar el punto de sal y colocar en la ensaladera, espolvoreando la superficie de perejil picado. Esta ensalada también se puede servir templada, si se quiere se le puede añadir cebolleta picada.

Andrajos (Albacete)

INGREDIENTES PARA 6 RACIONES:

Judías pintas: 1/2 kg
Aceite: 1 dl
Ajo: 2 dientes
Harina: 100 g
Sal, pimienta

Poner las judías a remojo de agua templada con un poquito de sal durante doce horas. Al día siguiente, se cubren de agua fría y se acercan al fuego. Mientras tanto se hace un refrito con el aceite y los dientes de ajo picados muy menudos, y se preparan los andrajos: Añadir a la harina una pizca de sal y un poco de agua hasta conseguir una masa consistente, que se extiende sobre la mesa y se estira con el rodillo hasta que tenga el espesor de dos milímetros. Se corta a cuadraditos, como dados un poco grandes. Se salpimenta a gusto y pasada media hora de cocción se rectifica el punto.

Lentejas con arroz

INGREDIENTES PARA 6 RACIONES:

Lentejas: 1/4 kg
Puerros: 2 unidades
Cebolla: 1 unidad
Ajo: 1 diente
Tocino: 100 g
Chorizo: 100 g
Arroz: 1 taza
Pimentón: 1 cucharada
Jamón: 1 hueso
Tomate: 1 unidad

Se limpian las lentejas y se ponen en remojo desde la noche anterior. Se escurren y se ponen a cocer en agua fría, con los puerros, el tocino, el chorizo y el hueso de jamón. Cuando empiezan a espesar se hace un sofrito con el diente de ajo, la cebolla picada y el tomate. Se pone a fuego lento y se añade una cucharada de pimentón. Se sacan las lentejas y se agrega el arroz, dejándolo hervir durante veinte minutos más. Sacar el chorizo y el tocino, cortarlo y volverlo a colocar con las lentejas.

Lentejas con chorizo y tocino

INGREDIENTES PARA 6 RACIONES:

Lentejas; $^1/_2$ kg
Puerros: 2 unidades
Cebollas: 2 unidades
Zanahorias: 2 unidades
Ajo: 2 dientes
Chorizo: 200 g
Tocino: 200 g
Aceite, agua, sal

Se limpian las lentejas y se ponen a remojo la noche anterior. Se escurren y se ponen en agua fría con los puerros, las zanahorias, los ajos, el chorizo, el tocino, un chorreón de aceite y sal. Se pone a fuego lento hasta que espesen. Mientras, se prepara un sofrito de cebolla muy picada en aceite. Se añade a las lentejas, se deja hervir todo ello hasta que las lentejas estén tiernas.

Lentejas aliñadas con mahonesa de anchoas

INGREDIENTES PARA 6 RACIONES:

Lentejas: $^1/_2$ kg
Mahonesa: 1 taza
Nata líquida: 1 dl
Anchoas en salazón de Santurce: 100 g (o una lata de anchoas de buena calidad)

Guarnición:

Lechuga: unas hojas
Anchoas: 100 g (u otra lata)
Perejil picado

Para cocerlas:

Cebolla: $^1/_2$ unidad
Ajo: 1 diente
Laurel: $^1/_2$ hoja
Granos de pimienta: 4 ó 5 unidades
Sal

Poner las lentejas a remojo de agua fría doce horas antes. Cubrirlas de agua fría, una vez lavadas y escurridas del agua de remojo, y añadir la cebolla, el ajo, el laurel, los granos de pimienta y acercar al fuego. Dejar cocer lentamente durante una hora y media o hasta que estén tiernas. Se sazonan con sal en la última media hora. Si se cuecen en la olla exprés necesitarán quince o veinte minutos, según la clase. Escurrirlas y enfriarlas. Poner las anchoas en agua

Lentejas aliñadas con mahonesa de anchoas (izda.).
Lentejas con chorizo y tocino (dcha.).

para desalarlas y pasarlas por la batidora para triturarlas. Mezclarlas con la mahonesa. Montar la nata líquida para que resulte un poco esponjosa y añadir a la mahonesa de anchoas. Probar el punto de sal. Mezclar con las lentejas. Lavar y escurrir bien unas hojas de lechuga y fondear una fuente honda o una ensaladera. Colocar en el centro las lentejas y adornar con anchoas, desaladas también. Espolvorear de perejil picado, que se puede sustituir por cebolleta si gustan los sabores un poco más fuertes.

Ensalada de lentejas con salchicha alemana

INGREDIENTES PARA 6 RACIONES:

Lentejas: 300 g
Salchicha gorda: 300 g
Cebolla: 1 unidad
Clavo: 1 unidad
Ajo: 1 diente
Vino blanco: 1 vaso
Cebolletas: 2 unidades finas
Aceite: 9 cucharadas
Vinagre: 3 cucharadas
Tomillo, laurel, perejil, sal, pimienta

Las lentejas se ponen a remojo la víspera, después se lavan y se ponen a cocer con la cebolla pelada y cortada a la mitad con el clavo pinchado, las hierbas atadas y el ajo pelado. Se añade el vino, se sazona y se deja cocer a fuego lento durante una hora aproximadamente. Un cuarto de hora antes de terminar la cocción, añadir la salchicha pinchada. Cuando estén cocidas, escurrirlas y enfriarlas. Picar la cebolleta pelada y el perejil limpio, mezclar con el aceite y el vinagre y sazonar con sal y pimienta. Colocar las lentejas frías en una ensaladera, encima la salchicha cortada en ruedas y regar con el aliño.

Lentejas a la borgoñona

INGREDIENTES PARA 6 RACIONES:

Lentejas: 1/2 kg
Tocino entreverado: 200 g
Cebolla: 1 unidad
Zanahoria: 1 unidad
Ajo: 2 dientes
Vino tinto: 1/2 litro
Tomillo, laurel, perejil, sal, pimienta

Las lentejas se limpian la víspera y se ponen a remojo de agua templada durante unas seis horas. Se aclaran en agua limpia y se ponen en una olla con el vino y agua suficiente para que las cubra. Hacer hervir y añadir el tocino cortado en trocitos y la zanahoria, la cebolla y los ajos, pelados y enteros. Añadir también el ramillete de hierbas a mitad de cocción. Salpimentar. Dejar cocer durante una hora y cuarto y en cuanto estén tiernas, separar del fuego, quitar la cebolla, la zanahoria, el ajo, las hierbas y escurrir las lentejas. Colocarlas en una fuente precalentada y servirlas muy calientes.

Lentejas manchegas

INGREDIENTES PARA 6 RACIONES:

Lentejas: 1/2 kg
Aceite: 1 dl
Ajo: 2 dientes
Pan cortado a dados o a rebanadas: 200 g
Vinagre: 1 chorrito

Se echan las lentejas a remojo una vez limpias durante cinco o seis horas, se escurren, se aclaran y se ponen, cubiertas de agua fría con sal, a cocer durante una hora y media. Mientras tanto, se pone el aceite en una sartén y en él se fríen los dientes de ajo y el pan. Se aparta este sofrito y el aceite que queda se echa en las lentejas y se sala. Se machaca en un mortero el pan y los ajos y se deshacen con un chorrito de vinagre. Se vierte el majado del mortero sobre las lentejas y se deja hervir un poco para que cojan el gusto. Las lentejas han de hacerse en el mínimo de agua posible, por lo que tendrán que cocer a fuego muy lento y uniforme, tapándolas para evitar la pérdida de vapor.

Lentejas a la crema

INGREDIENTES PARA 6 RACIONES:

Lentejas: 600 g
Vino blanco dulce: 1 vaso
Mantequilla: 1 cucharada
Nata líquida: 1 dl
Perejil, sal, pimienta

Poner las lentejas a remojo la víspera. Dos horas antes de comer se ponen las lentejas escurridas en una fuente refractaria, se cubren abundantemente de agua y se tapa el recipiente con papel de plata. Meterlas en el horno caliente para que cuezan despacio durante cuarenta o cuarenta y cinco minutos. (Estas lentejas se hacen muy bien en el microondas). Pasado este tiempo, sacarlas del horno y dejar que se sigan haciendo sobre la cocina durante otros tres cuartos de hora. El fuego debe ser muy flojo para que apenas hiervan. Mientras tanto se calienta el vino con algo de sal y pimienta y cuando las lentejas se queden secas se añade a la fuente, se mueve y se deja cocer a fuego más vivo para que reduzca. Fuera del fuego se añade la nata líquida. Se sirven muy calientes espolvoreadas de perejil picado. Esta manera de preparlas es muy apropiada para guarnición de carne de cerdo o de caza.

Lentejas guisadas

INGREDIENTES PARA 6 RACIONES:

Lentejas francesas: 1/2 kg
Ajo: 1 diente
Cebolla: 1 unidad mediana
Tomate: 1 unidad
Pan rallado: 1 cucharada
Aceite: 1 dl
Panceta salada: 100 g
Chorizo: 100 g
Jamón de punta: 100 g
Sal, pimienta, pimentón

Las lentejas se ponen a remojo la víspera. Se limpian, se lavan y se ponen a hervir con el jamón, tocino y chorizo. Si se emplea la olla exprés tardan quince minutos.
Mientras, se fríe el ajo y la cebolla picados en el aceite. Se añade el tomate y por último el pan rallado y un poco de pimentón. Se añade a las lentejas y se deja hervir el conjunto unos minutos.

Lentejas manchegas (arriba).
Lentejas guisadas (abajo).

Lentejas a la casera

INGREDIENTES PARA 6 RACIONES:

Lentejas: 1/2 kg
Paletilla de cerdo semidesalada: 1 1/2 kg
Bacón: 250 g
Cebolla: 1 unidad
Clavo: 1 unidad
Dientes de ajo: 2 unidades
Puerros: 2 unidades
Zanahoria: 1 unidad
Manteca de cerdo: 2 cucharadas
Perejil, laurel, tomillo, sal, pimienta

Esta preparación se debe hacer con las
lentejas pequeñitas y verdes. La víspera,
se limpian, se lavan y se ponen a
remojo en agua templada. La paletilla
de cerdo se lava muy bien para quitarle
la sal y se pone a remojo durante
veinticuatro horas, cambiando el agua
cada ocho. Al día siguiente, se limpian
los puerros y la zanahoria y se cortan en
láminas, se machacan los dientes de ajo
y se pela la cebolla, hincándole el clavo
de especia. En una cazuela se pone la
manteca de cerdo y cuando esté fundida
al fuego se añade el tocino ahumado
cortado en dados y los puerros
y zanahorias. Cuando estén dorados se
cubren con unos tres litros de agua y se
añade la paletilla desalada, la cebolla y
las hierbas. Sazonar con un poco de
pimienta, pero no conviene poner la sal
hasta más adelante, por la que pudiera
quedar en la paletilla. Se cuece durante
una hora y media aproximadamente a
fuego lento. Las lentejas se escurren del
agua de remojo y se pasan en el colador
por el chorro de agua fría. Se ponen en
una cazuela cubiertas de agua y se dejan
cocer cinco minutos. Añadirlas a la olla
de la paletilla cuando ya haya cocido y
agregar también los dientes de ajo.
Cocer otros cuarenta y cinco minutos
aproximadamente. Antes de terminar la
cocción rectificar el punto de sal. Servir
rodeando el bacón, que se corta en
trozos lo más regulares posible.

Lentejas con morcillo de cerdo (pág. izda.).
Lentejas a la casera (pág. dcha. arriba).
Lentejas al estilo de Dijon (pág. dcha. abajo).

Lentejas con morcillo de cerdo

INGREDIENTES PARA 6 RACIONES:

Lentejas: 1/2 kg
Morcillo de cerdo con hueso: 1 unidad
Cebollas: 2 unidades
Tocino entreverado: 100 g
Aceite: 1 dl
Sal, pimienta

Poner las lentejas en remojo la noche
anterior y cocerlas en agua con sal y
pimienta durante una hora, con las
cebollas picadas finas y el morcillo
entero y atado. Cuando estén, sacar la
carne y dorarla en la sartén a fuego vivo
con el tocino cortado en cuadraditos y
unir de nuevo a las lentejas, que deben
de tener la salsa ligada y en no mucha
cantidad. Cortar el morcillo en lonchas
gruesas y servir sobre las lentejas,
acompañado de mostaza.

Lentejas al estilo de Dijon

INGREDIENTES PARA 6-8 RACIONES:

Lentejas: 1/2 kg
Jamón o tocino entreverado: 150 g
Cebolla: 1 unidad
Zanahoria: 1 unidad
Pimienta: unos granos
*Nata líquida: 1 dl o 4 cucharadas de
    mantequilla*
Mostaza de Dijon: 2 cucharadas
Zumo de 1/2 limón
Sal, perejil, tomillo, laurel

Se ponen las lentejas a remojo de agua
fría salada la noche anterior. Se escurren,
se cubren de agua fría y se ponen a
cocer con la cebolla picada, la zanahoria
en rodajas, los granos de pimienta,
las hierbas atadas con un hilo y el jamón
en un trozo. Se cuece durante una hora
y media aproximadamente, o quince
minutos si se hace en la olla exprés.
Se sala al final de la cocción. Se procura
que la cantidad del caldo no sea
excesiva y simplemente envuelva las
lentejas.
Se deshace la mostaza en la nata líquida
o la mantequilla y se añade a las lentejas.
Se rocía con el zumo de limón y se
rectifica el punto de sazón. Se retiran
las hierbas y se saca el jamón para
cortarlo en trocitos o picarlo.
Se sirven las lentejas con el jamón por
encima y se espolvorean de perejil
picado.

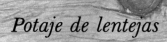

Potaje de lentejas

INGREDIENTES PARA 6 RACIONES:

Lentejas: 300 g
Cebolla: 1 unidad grande
Zanahoria: 1 unidad
Leche: 1 taza
Mantequilla: 50 g
Pan: 1 barra de 150 g
Sal, pimienta

Poner las lentejas a remojo de agua templada la víspera, escurrirlas, enjuagarlas y ponerlas a cocer en una olla con la cebolla picada fina, la zanahoria, también picada, sal, pimienta y litro y medio de agua. Dejar cocer a fuego lento durante una hora o algo más si lo precisa. Cuando estén tiernas las lentejas, pasar por el pasapurés y calentarlas nuevamente. El pan se corta en ruedas finas y se tuesta en el horno. Añadir la leche al puré al momento de servir y por último la mantequilla, procurando que no hierva. Volcar en la sopera y colocar las rebanaditas de pan tostado por encima, procurando servir enseguida para que no se empapen.

Potaje de lentejas (izda.).
Ensalada de lentejas (dcha.).

Ensalada de lentejas

INGREDIENTES PARA 6/8 RACIONES:

Lentejas: $1/2$ kg (cocidas)
Tomates: 2 unidades (grandes, maduros)
Cebolla: 1 unidad (picada fina)
Aceite de oliva, vinagre, mostaza, perejil, ajo
   machacado, sal, pimienta

Se pasan los tomates por el agua hirviendo, se pelan, se parten, se les quitan las pepitas y se les pica fino. Se mezclan en un bol las lentejas, el tomate, la cebolla y el perejil. Se salpimenta. Se hace una vinagreta fuerte con el aceite, vinagre, mostaza y ajo. Se echa a las lentejas. Se refrigera la ensalada con la salsa al menos una hora antes de servirla.

Lentejas estofadas

INGREDIENTES PARA 6 RACIONES:

Lentejas: 400 g
Aceite: 1 dl
Cebolla: 1 unidad
Ajo: 2 dientes
Tomate: 1 unidad
Laurel: 1 hoja
Pimentón: 1 cucharada
Zanahoria: 1 unidad
Tocino saladillo: 50 g

Se ponen a remojar las lentejas después de limpiarlas cuidadosamente. Se escurren y se ponen en la olla exprés sobre la rejilla, con la cebolla, los ajos, tomates y zanahorias, todo picado, la hoja de laurel y una rama de perejil. Se añade la cucharada de pimentón, el aceite y un poco de sal. Se corta el tocino en cuadraditos y se pone encima. Se sazona de sal y se echan dos tazas de agua fría. Se tapa la olla y se pone sobre el fuego dejándola cocer a presión veinte minutos. Se retira, se enfría y se abre la olla, dejando reposar un rato, y se sirven en la legumbrera, adornándola con unos cuadraditos de pan frito alrededor.

Judías en ensalada, puré, guisos, cocidos y guarniciones

Alubias a la bretona

INGREDIENTES PARA 6 RACIONES:

Judías blancas frescas desgranadas: 1 1/2 kg
Cebolla: 4 unidades
Zanahorias: 2 unidades
Clavos: 2 unidades
Tomates: 1 1/2 kg
Aceite: 1 1/2 dl
Mantequilla: 100 g
Ajo: 3 dientes
Azúcar: una pizca
Perejil, laurel, tomillo, sal y pimienta

Se pone una cazuela a hervir con unos cuatro litros de agua y se echan: una cebolla pelada con los clavos pinchados, las zanahorias limpias, las hierbas y sal. Se añaden las judías, se tapa la cazuela y se deja cocer a fuego lento durante una hora. Se pican el resto de las cebollas y se ponen a estofar en el aceite, se añade el ajo machacado y cuando empieza a tomar color, los tomates lavados y cortados en trozos. Se salpimenta y se deja cocer a fuego lento durante unos cuarenta y cinco minutos. Esto se puede hacer tapado para que no salpique el tomate. Comprobar el punto de acidez y añadir una pizca de azúcar. Cuando las alubias estén cocidas, escurrirlas, retirar la zanahoria y las hierbas y mezclar con el tomate. Dar unos hervores al conjunto, rectificar el punto de sazón y servir muy calientes.

Judías blancas gratinadas

INGREDIENTES PARA 8 RACIONES:

Judías blancas: 1/2 kg ó 2 tarros de judías
*   al natural*
Cebolla: 1 unidad
Ajo: 1 diente (en caso de que las judías no
*   sean de lata y haya que cocerlas)*
Panceta o tocino entreverado: 100 g
Tomate frito concentrado: 3 cucharadas
Mantequilla: 1 cucharada
Queso rallado: 100 g
Perejil, tomillo, laurel, sal, pimienta

Se ponen las judías a remojo la noche anterior en agua templada con sal. Se escurren, se colocan en una cazuela y se cubren de agua. Se añade la cebolla picada con los clavos, el ajo aplastado y las hierbas atadas con un hilo. Se añaden los granos de pimienta y se acerca al fuego. En cuanto rompa el hervor añadir un chorrito de agua fría. Esto hace que salgan más suaves. Se deja cocer a fuego suave, durante una hora y media. Si se hacen en la olla exprés, taparla después de haber añadido el agua fría y dejar cocer unos veinticinco minutos. Procurar que la cantidad de agua que quede al terminar la cocción no las cubra del todo. Se sacan las hierbas y la cebolla.

En una sartén se saltea el tocino, cortado en cuadraditos, con un poco de mantequilla; se añade el tomate y las judías con su caldo y después, la mitad del queso rallado. Se engrasa con mantequilla una fuente de horno, se colocan las judías salteadas. Se espolvorea de queso rallado y unas bolitas de mantequilla y se gratina en el horno hasta que se dore la superficie. Si se emplean judías al natural de bote o lata se suprime toda la cocción y se utilizan con su jugo.

Pierna de cordero con judías

INGREDIENTES PARA 6 RACIONES:

Pierna de cordero: 1.800 g
Pecho de tocino ahumado: 125 g
Caldo: 1 litro
Cebollas: 3 unidades
Patatas: 600 g
Alubias blancas: 400 g
Clavos: 2 unidades
Aceite: 1 dl
Perejil, tomillo, laurel, ajo, sal, pimienta

Pedir al carnicero que deshuese la pierna de cordero. En casa se ata en forma redonda, después de haber untado el interior con el ajo y sazonado con sal y pimienta. Después se dora en una cazuela con unas cucharadas de aceite. Cuando esté bien dorada se echa el tocino cortado en lonchas. Mientras tanto se habrán puesto las alubias, cubiertas de agua templada con sal, con las hierbas y la cebolla pinchada con el clavo y se habrán cocido durante una hora aproximadamente. Colocar la cebolla restante alrededor de la pierna, cortada en lonchas, sazonarlas con sal y pimienta y encima las judías, cocidas y escurridas, y la patata cortada en dados. Salpimentar las judías y la patata y cubrir todo con caldo. Romper el hervor en el fuego y meter después en el horno caliente y con la cacerola destapada. Dejar que se terminen de hacer las judías y estén tiernas la patata y la cebolla, tardará unos cuarenta y cinco minutos. Se sirve en la misma cazuela de horno que puede ser de barro.

Arroz con judías y nabos

INGREDIENTES PARA 6 RACIONES:

Judías blancas: 400 g
Jarrete de cerdo: 300 g
Tocino: 200 g
Pata de cerdo: 1 unidad
Oreja de cerdo: 150 g
Morcillas blancas: 3 unidades (blanquets)
Morcillas negras: 3 unidades (negrets)
Nabos pequeños: 1/2 kg
Arroz: 1/4 kg
Sal, azafrán

En una olla o puchero con tres litros de agua y un poco de sal se ponen a cocer las judías blancas, el jarrete, la mano y la oreja de cerdo, el tocino, las morcillas blancas y negras y los nabos, que deben ser pequeños y estar cortados en pedacitos. Se deja cocer todo a fuego suave el tiempo necesario, espumándolo de vez en cuando.

Cuando todo esté en su punto se rectifica de sal, se añade un poco de azafrán y se agrega el arroz, calculando bien el caldo para que el arroz pueda cocerse sin que quede seco, por espacio aproximado de unos veinte minutos. Pasado este tiempo se sirve, teniendo en cuenta que el arroz debe quedar caldoso.

Arroz con judías y nabos (arriba).
Judías blancas gratinadas (abajo).

Judías a la bretona

INGREDIENTES PARA 6 RACIONES:

Judías blancas buenas: 1/2 kg
Cebollas: 2 unidades
Mantequilla: 75 g
Puré de tomate: 1 cucharada
Huevo duro: 1 unidad
Sal, pimienta

Se ponen a remojar en agua fría la víspera. En la olla, sobre la rejilla se ponen las judías con dos tazas de agua y un poco de sal. Se tapa la olla y se pone al fuego, dejando cocer a presión treinta minutos. Se retiran, se enfrían y se abre la olla; se sacan las judías y se escurre el agua. Se ponen en una cazuela de horno cerca del fuego para que no se enfríen. En la olla se ponen las cebollas cortadas en rodajas, se cubren de agua y se tapan, dejándolas cocer a presión tres minutos. Se retira, se enfría y se abre la olla. Se sacan las cebollas poniéndolas a escurrir. En una sartén se pone la mantequilla, se derrite y se echa la cebolla cocida. Se deja rehogar hasta que toma algo de color, se agrega el tomate y se espera a que cueza por espacio de unos diez minutos. Se echa el refrito sobre las judías bien escurridas y se mueve la cazuela para que tomen el sabor del refrito. Se espolvorean con huevo duro picado y se sirve en la misma cazuela rodeada de una servilleta.

Judías blancas o rojas a la vasca

INGREDIENTES PARA 6 RACIONES:

Judías: 1/2 kg
Tocino: 50 g
Un buen chorizo
Una buena morcilla
Nabos: 4 ó 5 unidades (pequeñitos)
Cebollas: 1 unidad
Patatas: 250 g (partidas en trozos o enteras si son pequeñas)
Sal

Se pone al fuego un puchero con agua fría y las judías bien lavadas. Cuando empieza a hervir se le añade el tocino y el chorizo; al poco rato, se le echan los nabos bien limpios y una cebolla entera, procurando que cueza poco a poco, pero sin parar de hervir; si el agua merma (no se ha de poner mucha a la vez), se repone con agua fría. Una hora antes de comer, se le añaden las patatas mondadas y partidas en pedazos, y también la morcilla. Para que resulte con caldo espesito, se menea el puchero de vez en cuando, cogiéndole por las asas.

Sepia con judías blancas

INGREDIENTES PARA 6 RACIONES:

Sepia: 1 kg
Judías blancas: 1/2 kg
Guisantes: 1/4 kg
Cebolla: 1 unidad
Tomates: 1/4 kg
Aceite: 1 dl
Ajo: 1 diente
Laurel: 1 hoja
Vino blanco seco: 1 vaso
Almendras peladas y tostadas: 12 unidades
Galleta María: 1 unidad
Azafrán: unas hebras
Perejil, pimienta, sal

La sepia se limpia, se lava bien y se corta en trozos cuadrados. Se espolvorea de sal y se pone a escurrir en la tabla. Se pone el aceite en una cazuela, se fríe la cebolla picada fina junto con la hoja de laurel y cuando esté a medio hacer se echa la sepia y se saltea bien, espolvoreando con un poco de pimienta blanca molida. Cuando la cebolla empiece a tomar color, añadir el tomate, pelado y sin pepitas, y los guisantes desgranados. Dejar que se fría el tomate hasta que se reduzca el agua que suelta, moviendo con la espumadera, añadir el vino, dejar consumir un poco y mojar con un litro del agua de cocer las judías. Dejar cocer hasta que la sepia esté tierna. Las judías se habrán puesto a remojo de agua templada con sal la noche anterior, y se habrán cocido en abundante agua fría con cebolla, ajo, laurel y unos granos de pimienta. También se pueden emplear judías cocidas al natural, empleando, en este caso, para cocer la sepia, caldo de pescado o simplemente caldo preparado con un cubito de caldo de pescado. El azafrán se tuesta un poco en el tostador de pan o sobre la placa eléctrica, y se machaca en el mortero junto con el ajo, el perejil, las almendras y la galleta, hasta que quede reducido a una pasta finísima que se deshace con un poco del caldo en el que está cociendo la sepia. Cuando ésta esté cocida, añadir la picada del mortero, mezclar con las judías y dar unos hervores al conjunto. Rectificar el punto de sal y si fuera preciso consumir un poco la salsa. Deben quedar jugosas, pero que se puedan tomar con tenedor.

Judías blancas con embuchado de cordero

INGREDIENTES PARA 6 RACIONES:

Judías blancas: 1/2 kg
Jamón ahumado: 1/2 kg
Ajos: 3 dientes
Pan rallado: 2 cucharadas
Cebollas: 1 unidad
Clavo: 1 unidad
Carne de cordero picada: 1/2 kg
Salchichas: 1/4 kg
Tocino: 100 g
Mantequilla: 80 g
Cebollas escalonias: 6 unidades
Tripa de tocino
Perejil, tomillo, laurel, sal, pimienta

La víspera se ponen las judías a remojo de agua templada con sal. Al momento de prepararlas se escurren, se lavan y se ponen en un puchero cubiertas de agua fría con dos dientes de ajo machacados, la cebolla pelada y con el clavo pinchado, las hierbas atadas con un hilo y el trozo de jamón. Dejar cocer a fuego lento durante unas dos horas y media o hasta que estén blandas las judías. Salar a media cocción, teniendo en cuenta que el jamón ya tiene sal y procurando que no cuezan a borbotones para que no se rompa el hollejo de las judías. Mientras cuecen poner la tripa a remojo de agua fría. Mezclar la carne picada de cordero con la de las salchicas y el tocino picado, añadir las escalonias picadas y el diente de ajo que queda, picado también. Salpimentar y repartir en seis porciones que se envuelven en seis trozos de tripa. Aplastar un poco los embuchados y dorarlos por los dos lados en la mantequilla caliente. Sacar el jamón de las judías, cortarlo en dados y darle una vuelta en la misma mantequilla. Escurrir las judías cuando estén tiernas, mezclarlas con el jamón y un poco de mantequilla y colocarlas en una bandeja de horno. Echar por encima unas cucharadas de caldo para que resulten jugosas y espolvorear la superficie de pan rallado, rociar con la mantequilla en la que se ha rehogado el jamón y gratinar en el horno durante diez minutos. Colocar los embuchados encima del gratinado de judías y servir inmediatamente.

Judías a la bretona (arriba).
Judías blancas o rojas a la vasca (abajo).

Judías blancas a la crema

INGREDIENTES PARA 6 RACIONES:

Alubias blancas sin desgranar: 1 kg
Sal: $^{1}/_{2}$ cucharadita
Nata líquida: 1 dl.
Pan rallado: 2 cucharadas
Tomillo, romero, laurel, perejil, pimienta

Desgranar las judías y cocerlas en agua hirviendo durante cinco minutos. Escurrirlas, guardando el agua, poner de nuevo el agua en la cazuela y añadir la sal y el manojo de hierbas y hacer hervir de nuevo. En este punto se añaden las judías escurridas y se vuelve a hacer hervir. Se tapa la cazuela, se baja el fuego y se deja hacer lentamente durante unos cuarenta o cuarenta y cinco minutos, cosa que depende de la calidad de las judías.

La cazuela se mueve de cuando en cuando para que suelten harina y engorden la salsa y antes de terminar la cocción se rectifica el punto de sazón y se retira el ramo de hierbas. Hay que tener cuidado de que el agua simplemente las cubra para que queden jugosas, pero no con caldo excesivo, ya que luego se van a tomar con tenedor. Cuando estén, añadir la nata líquida y conservar al fuego para que se consuma más el líquido. Colocarlas en una fuente de horno, espolvorearlas de perejil picado y pan rallado y gratinar unos minutos.

Pierna de cordero con monchetas (judías blancas)

INGREDIENTES PARA 6 RACIONES:

Cordero: 1 pierna
Ajo: 2 dientes
Perejil: 1 rama
Aceite: 4 cucharadas
Judías blancas: 400 g
Cebolla: 1 unidad
Clavos: 3 unidades
Hierbas: un manojo
Cebollas en rodajas: 2 unidades
Patatas en ruedas finas: $^{1}/_{2}$ kg
Caldo: 1 litro
Sal, pimienta en grano

Pierna de corderro con monchetas (judías blancas) (izda.).
Judías blancas a la crema (dcha.).

Una vez remojadas las judías desde la noche anterior, ponerlas en una cazuela con agua templada y sal, la cebolla pinchada con los clavos y dejar cocer durante una hora a fuego lento. Atar la pierna de cordero, machacar el ajo en el mortero con el perejil, sal y aceite y untar la pierna. Meterla en el horno para que se haga a fuego vivo pintándola con el majado del mortero cada diez minutos. A la media hora, añadir las rodajas de cebolla sazonadas con sal y pimienta, colocar encima las judías escurridas y sobre ellas las ruedas de patata. Sazonar con sal y pimienta. Cubrir con caldo y cocer en el horno durante algo más de media hora. El tiempo de horno depende de la calidad del cordero. A veces es suficiente con una hora. Calcularlo para añadir la cebolla, patatas y judías, media hora antes de que esté hecho el cordero. Servir la pierna rodeada de su guarnición.

Ensalada de judías con aceitunas y bacalao (pág. izda.).
Boliches de embum (pág. dcha. arriba).
Alubias encarnadas (pág. dcha. abajo), receta en pág. 50.

Ensalada de judías con aceitunas y bacalao

INGREDIENTES PARA 6 RACIONES:

Judías blancas: 1/2 kg
Bacalao: 150 g
tomates: 2 unidades
Cebolletas: 2 unidades
Aceitunas verdes: 100 g
Aceitunas negras: 100 g
Mahonesa: 1 taza
Catsup: 2 cucharadas
Mostaza: 1 cucharadita
Sal

Para cocerlas:

Cebolla: 1 unidad
Ajo: 1 diente
Laurel, 1/2 hoja
Clavos: 3 unidades
Pimienta: 4 ó 5 granos

Poner las judías en remojo de agua fría la víspera, escurrirlas y colocarlas en una cazuela, cubiertas de agua fría y dejarlas cocer a fuego moderado durante unas dos horas. Una vez cocidas se escurren y se enfrían. Poner el bacalao a remojo durante veinticuatro horas, cambiando el agua cada ocho horas. Si se compra el bacalao desmigado basta con ponerlo en un colador y dejar que corra un pequeño chorro de agua sobre él durante tres o cuatro horas. Si está en filetes, desmigarlo y suprimir las espinas y pieles. Mezclarlo con las judías y las aceitunas. Picar las cebolletas y mezclar con la mahonesa, el tomate catsup y la mostaza. Aliñar las judías y colocar por encima, para adornarlo, rodajas de tomate.

Boliches de embum

INGREDIENTES PARA 6 RACIONES:

Judías: 1/2 kg
Rabo de cerdo: 1 unidad
Huevo cocido duro: 1 unidad
Oreja de cerdo: 1 unidad
Chorizo: 1 unidad
Cebolla: 1 unidad
Aceite: 4 cucharadas

Se limpia bien la oreja, el rabo de cerdo y se echan a remojo con las judías. Al día siguiente, se ponen en la olla, con la rejilla, las judías escurridas, la oreja y el

rabo de cerdo, el chorizo, la cebolla partida en cuatro gajos y las cuatro cucharadas de aceite crudo; un poco de sal y se tapa la olla. Se cuece a presión treinta y cinco minutos. Se retira, se enfría y destapa la cacerola, se machaca la yema del huevo duro, se deslíe con un poco de caldo de las judías y se añade. Se pica la clara muy menudita y se echa también.

Potaje de judías blancas a la leridana (pág. izda. arriba).
Ensalada de judías blancas con vinagreta (pág. izda. abajo).
Olla fresca de Albacete (pág. dcha.).

Potaje de judías blancas a la leridana

INGREDIENTES PARA 6 RACIONES:

Judías blancas: 300 g
Patatas: 600 g
Butifarra catalana: 200 g
Cebollas: 100 g
Repollo de col: 1 unidad
Ajo: 2 dientes
Aceite: 1 cucharón
Azafrán: unas hebras
Sal, pimienta

Se ponen las judías blancas en un puchero con ¹/₂ litro de agua, la cebolla, la sal y el aceite, y se deja cocer durante media hora. Cuando esté a media cocción se añade la butifarra, las patatas y el repollo de col, cortadas a trozos, y el ajo y el azafrán, estos dos últimos machacados en el mortero y disueltos en un poco de agua, y se deja cocer con el conjunto hasta que estén en buen punto.

Olla fresca de albacete

INGREDIENTES PARA 6 RACIONES:

Judías blancas: ¹/₂ kg
Espinazo: 250 g
Rabo de cerdo: 1 unidad
Tocino fresco: 250 g
Patatas: ¹/₄ kg
Nabo: 1 unidad
Repollo: ¹/₂ kg
Morcillas frescas: 2 unidades

Después de tener las alubias a remojo de agua salada durante doce horas se ponen a cocer con el espinazo de cerdo y el tocino fresco, el rabo y la sal. Cuando haya pasado una hora y media de hervor suave para que no se abran las judías, se añaden las patatas peladas y troceadas, el nabo pelado y el repollo cortado y limpio. Pasada una hora más, se habrán cocido ya las judías y entonces se añade la morcilla para que de un hervor de un cuarto de hora. Se rectifica el punto de sal y se sirven: primero las judías con las patatas troceadas, el nabo en ruedas gordas y el repollo en la salsa, y como segundo plato, las carnes.

Ensalada de judías blancas con vinagreta

INGREDIENTES PARA 6 RACIONES:

Judías blancas: ¹/₂ kg
Tomates rojos: 1 unidad
Pimiento grande verde: ¹/₂ unidad
Pimiento grande rojo: ¹/₂ unidad
Cebolleta gorda: 1 unidad o un manojo de pequeñas
Pepino: ¹/₂ unidad
Huevos duros: 2 unidades
Aceite: 1 dl
Vinagre: 3 cucharadas
Mostaza: 1 cucharada
Pimienta, perejil, sal

Para cocerlas:

Cebolla: ¹/₂ unidad
Ajo: 1 diente
Laurel: ¹/₂ hoja
Perejil, sal, pimienta en grano

Poner las judías en remojo de agua fría la víspera (doce horas). Escurrirlas, enjuagarlas, cubrirlas de agua fría y ponerlas a cocer con la cebolla, el ajo, laurel y unos granos de pimienta y perejil. Cuando rompa el hervor, cortarlo con un chorrito de agua fría. Dejar cocer a fuego lento durante dos horas, añadir la sal, comprobar el punto de cocción y escurrirlas cuando estén tiernas, cuidado de no moverlas con cuchara para que no se deshagan. Picar el tomate, después de pelado, en dados muy pequeños; pelar y picar el pepino y lavar los pimientos y picarlos también. Picar la cebolleta y los huevos duros. Mezclar el aceite con el vinagre, la mostaza, un poco de pimienta y la sal. Añadir el perejil picado y el picadillo de verduras, y unir a las judías envolviéndolas bien. Rectificar el punto de sal y de vinagre y colocar en una ensaladera. Se deben preparar con tiempo.

Alubias encarnadas

INGREDIENTES PARA 6 RACIONES:

Alubias encarnadas: ¹/₂ kg
Zanahoria: 1 unidad
Cebollas medianas: 3 unidades
Tocino entreverado: 250 g
Aceite: 1 dl
Harina: 1 cucharada
Vino tinto: 1 vaso
Perejil
Un ramito de hierbas (tomillo y laurel), sal y pimienta

Las judías se ponen en remojo la noche anterior, se escurren y se colocan en una cazuela (mejor de barro) cubiertas con agua fría. Se añade la zanahoria, la cebolla entera, la hierbas (laurel, tomillo y hierbabuena), el tocino y el vino. Cuando rompa el hervor, bajar el fuego romper a hervir se corta el hervor con un chorrito de agua fría. Cuando estén, escurrirlas, reservando el caldo. Cortar el tocino en trocitos, poner el aceite en una sartén y dorarlo. Cuando esté bien dorado, añadir las cebollas picadas. Antes de que tomen color, salpicar con la harina y dejar que se tueste durante unos minutos. Cuando se dore, mojar con medio litro del agua de cocer las judías y dejar hervir cinco minutos. Unir a las alubias, bajando el fuego para que se terminen de hacer y tomen el

Judías en casolet (izda.).
Habichuelas con perdiz (dcha.).

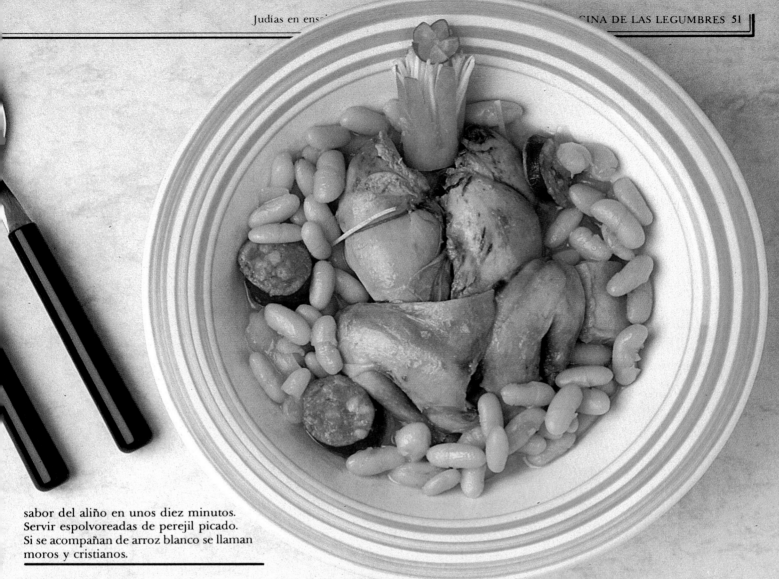

sabor del aliño en unos diez minutos.
Servir espolvoreadas de perejil picado.
Si se acompañan de arroz blanco se llaman
moros y cristianos.

Judías en casolet

INGREDIENTES PARA 6 RACIONES:

Espaldilla de cordero deshuesada: $^1/_2$ kg
Manteca: 100 g
Judías blancas: $^1/_2$ kg
Zanahoria: 1 unidad
Pan rallado: 3 cucharadas
Lomo de cerdo: $^1/_4$ kg
Salchichas: $^1/_4$ kg
Tocino: 100 g
Cebollas: 2 unidades
Salsa de tomate: 1 cucharada
Ajo, perejil, sal

Se hacen primero las judías, que deben
estar puestas en remojo la víspera. En la
olla, con la rejilla puesta, se echan las
judías, una zanahoria, la corteza del
tocino. Se tapa y se acerca al fuego,
cociendo a presión veinte minutos. Se
retira, se enfría y se abre la olla, sacando
las judías y pasadas por un colador, se
ponen en una cazuela de horno bastante
holgada, reservando el caldo de
cocerlas. En la cacerola destapada
se enrejilla, se pone la manteca, se
derrite y se rehoga el tocino cortado en
trocitos. Se añade el cordero y el lomo
cortado en pedazos y se deja rehogar
despacio hasta que esté bien dorado;
entonces, se echa la cebolla y el ajo muy
picaditos, la salsa de tomate y una taza
de caldo de cocer las judías. Se colocan
encima las salchichas y se tapa la olla,
dejando cocer a presión veinte minutos.
Se retira, se enfría y se abre la olla, se
saca el guisado mezclándolo con las
judías, con cuidado de no deshacerlas y
quitándo antes la zanahoria y cebolla.
Se espolvorea con el pan rallado y se
mete a horno fuerte para que se dore
por encima. Se sirve en la misma
cazuela rodeada de una servilleta.

Habichuelas con perdiz

INGREDIENTES PARA 4 RACIONES:

Perdices: 4
Col: 1 pequeña
Alubias blancas: $^1/_2$ kg
Patatas: $^1/_2$ kg
Tocino de magro: 100 g
Chorizo de lomo: 100 g
Pimienta en grano: 12 granos
Laurel: 4 hojas
Ajo: 12 dientes
Cebolla: 1 unidad
Clavos: 4 unidades
Tomates: 2 unidades
Ñoras: 2 unidades
Aceite: 1 dl
Hueso de jamón: 1 unidad
Sal

En una cacerola con cuatro litros de
agua fría se ponen las perdices, el hueso
del jamón, las alubias, la col (sólo las
hojas blancas), la pimienta, el clavo,
laurel, los ajos, las ñoras y un poco de
sal. Cuando lleve media hora cociendo
se agrega medio litro de agua fría.
Después de otra media hora más de

cocción se incorporan las patatas en trozos y el tocino en dados. A los veinte minutos se sacan las perdices, se deshuesan procurando sacar los cuatro cuartos lo más enteros posibles, echando las mollas nuevamente en la olla y los huesos se trituran en el mortero, se pasan por el colador chino y se reserva.

En una sartén aparte se pone el aceite con la cebolla fileteada muy fina, se deja freír a fuego muy lento diez minutos, se agrega el tomate picado. Se deja cinco minutos más, se añade el chorizo en trozos y después de dar unas vueltas, se moja con un poco de caldo de la olla. Se junta en la olla. Se vuelca el jugo de los huesos en la olla, se deja cocer a fuego muy lento quince minutos más, se rectifica el punto de sal y se deja reposar quince minutos antes de servir.

Judías blancas guisadas

INGREDIENTES PARA 8 RACIONES:

Judías blancas: 1/2 kg
Cebolla: 1 unidad grande
Tocino entreverado: 150 g
Chorizo: 150 g
Morcilla: 2 unidades
Aceite: 1 dl
Laurel: 1 punta
Sal, pimienta en grano

Se ponen las judías a remojo de agua templada con sal la víspera. Se escurren y se cubren de agua fría. Se acercan al fuego. En el momento en que rompa el hervor, se asusta con un chorreón de agua fría y si se quiere que salgan muy suaves, se rompe otras tres veces el hervor con agua fría. Se añade la cebolla picada fina, los granos de pimienta y la punta de hoja de laurel. Cuando vuelva a hervir, se añade el aceite, el tocino y el chorizo. Se deja cocer a fuego suave durante una hora y media aproximadamente.

Una media hora antes de finalizar la cocción se añaden la morcilla y la sal. Se mueve la cazuela en vaivén para que engorde la salsa con la harina que se desprende de las judías y si no es suficiente, se saca un cucharón de judías y se aplastan en el mortero y se añaden al guiso. Se rectifica el punto de sazón y se dejan cocer hasta que estén suaves. El tiempo depende mucho de la calidad de las judías. Si se hacen en la olla exprés, no se tapan hasta que tengan todos los ingredientes, menos la morcilla que se

añade al final para que no se deshaga. Se sirven en legumbrera con el chorizo, morcilla y tocino cortado en trocitos.

Judías blancas estofadas

INGREDIENTES PARA 6 RACIONES:

Judías blancas: 1/2 kg
Cebollas: 2 unidades
Ajos: 1 cabeza
Tocino: 150 g
Aceite: 4 cucharadas
Sal, pimienta y una cucharadita de pimentón

Poner las judías a remojo de agua templada salada durante unas doce horas. Escurrirlas y ponerlas en una cacerola cubiertas de agua fría. Acercar al fuego y en el momento en el que rompa el hervor cortarlo con un chorreón de agua fría. Picar la cebolla muy fina y echarla sobre las judías con el tocino en un trozo, el chorreón de aceite y la cabeza de ajos. Cuando rompa de nuevo el hervor, bajar el fuego y dejar que se hagan despacio durante unas dos horas y media, procurando que el agua las cubra, pero no poner más de la necesaria.

Media hora antes de terminar la cocción se pone la sal, la pimienta y se espolvorean con el pimentón. Para que la salsa quede más espesa se mueven en vaivén y si es necesario se machacan en el mortero unas cuantas judías que espesarán el caldo. Antes de servir, retirar la cabeza de ajos y cortar el tocino en dados gruesos. A última hora se puede perfumar con un chorreón de vinagre.

Judías a la madrileña

INGREDIENTES PARA 6 RACIONES:

Judías blancas: 1/2 kg
Cebolla: 1 cucharada (picada)
Chorizo: 100 g
Harina: 1 cucharada
Tocino: 100 g
Aceite: 5 cucharadas
Ajo: 1 diente
Pimentón: 1 cucharadita
Sal, laurel

Se ponen a remojar la víspera. Se colocan en la olla exprés (con la rejilla) las judías escurridas, el chorizo, el tocino, una hoja de laurel y un poco de sal. Se pone el aceite en una sartén pequeña y se fríen la cebolla y el ajo. Ya

dorados se agrega la harina, se rehoga y se separa la sartén del fuego para echar el pimentón. Este refrito se vierte sobre las judías, más dos tazas de agua. Se tapa la olla y se pone al fuego, dejándolas cocer a presión veinticinco minutos. Se retira, se enfría y se abre la olla. Se dejan reposar un poco y se sirven con el tocino y chorizo trinchados encima.

Ajiaceite de habichuelas con patatas

INGREDIENTES PARA 6 RACIONES:

Habichuelas blancas: 1/2 kg
Patas de cerdo: 2 unidades
Patatas: 4 unidades
Ajiaceite: 5 cucharadas
Perejil

Ingredientes para el Ajiaceite:

Huevo: 1 yema
Ajos: 2 dientes
Patata: 1 unidad
Aceite: el necesario
Sal

En una olla de barro, muy de mañana y cerca de la lumbre se ponen las habichuelas blancas que hayan estado en remojo y dos patas de cerdo. Cuando estén casi cocidas, se le añaden cuatro patatas partidas en rodajas y se dejan a fuego lento para que el caldo vaya espesando. Un momento antes de servirla se deslíen cinco cucharadas grandes de ajiaceite con unas cucharadas de caldo del puchero. Se vierten encima de todo y se mueve para que no se corte, poniendo por encima perejil picado, se sirve inmediatamente para que no se enfríe.

Ajiaceite:

Se machacan dos ajos, un poco de sal y una patata cocida. Se añade una yema y se mezcla bien con la patata, sin dejar de darle vueltas con la mano del mortero siempre en el mismo sentido, se le va echando aceite crudo hasta que quede una pasta dura.

Ajiaceite de habichuelas con patatas (arriba).
Judías a la madrileña (abajo).

Puré de judías blancas

INGREDIENTES PARA 4 RACIONES:

Judías blancas: 1 taza (guisadas, sobrantes de otra preparación)
Cebolla: 1 cucharada (picada)
Tomate frito: 1 cucharada
Aceite: 1 cucharada
Caldo de agua: 1 litro
Como guarnición: cuadraditos de pan frito

Calentar las judías con el agua o caldo y pasarlas por el pasapuré o emplear la trituradora eléctrica, en cuyo caso se puede hacer en el mismo recipiente. Poner el aceite en una sartén y freír la cebolla. Antes de que tome color, añadir el tomate. Volcar sobre el puré y dar unos hervores. Rectificar el punto de sazón y servir muy caliente con los picatostes cortados muy menudos (del tamaño y forma de dados) en el centro de la sopera.

Judías con manos de cordero

INGREDIENTES PARA 6 RACIONES:

Judías blancas: ¹/₂ kg
Manos de cordero: 1 kg
Aceite: 1 dl
Pan: 1 rebanada
Alemendras: 50 g
Huevo cocido: 1 unidad
Ajo: 2 dientes
Cebolla picada: 2 cucharadas
Higadillos de pollo: 2 unidades
Vino blanco: 1 vaso
Azafrán, sal, pimienta, laurel, perejil, pimentón y cominos

Las judías, después de tenerlas a remojo de agua templada durante unas doce horas, se ponen a cocer en agua fría con una hoja de laurel, durante dos horas y media. Mientras tanto, se limpian y cuecen con un diente de ajo y una hoja de laurel, las manitas de cordero abiertas a la mitad. Antes de terminar la cocción de las judías se salan. Para preparar la pepitoria empezar por dorar en el aceite caliente la rebanada de pan y las almendras, añadir un diente de ajo y

Judías con manos de cordero (pág. izda. arriba).
Pure de judías blancas (pág. izda. abajo).
Alubias de Tolosa (pág. dcha.), receta en pág. 58.

cuando todo esté de buen color, sacarlo para machacar en el mortero con unas hebras de azafrán y unos cominos. En el aceite sobrante freír la cebolla, el ajo y un ramito de perejil picados, también, y en cuanto estén, y antes de que tomen color, saltear los higaditos, después de limpios y cortados en trocitos. Añadir el majado del mortero y la yema deshecha a las manitas cocidas y escurridas y verter encima un vaso de vino blanco y otro del caldo de cocerlas. Dar unos hervores e incorporar la cebolla y los higaditos. Mezclar este guiso de manitas en pepitoria con las judías cocidas y escurridas y añadir el caldo de cocerlas necesario para que queden como para tomar con cuchara, pero de salsa trabada. Si se quiere se puede añadir un poco de pimentón rehogado encima de la cebolla y el ajo, pero hay quien las prefiere con el color amarillo que le proporciona el azafrán y la yema de huevo duro. Se sirven muy calientes y salpicadas por encima con la yema de huevo duro picada.

Olla manchega

INGREDIENTES:

Judías blancas: 100 g
Magro de cerdo: 250 g
Guisantes: 250 g
Zanahorias: 150 g
Tomate: 150 g
Espárragos trigueros: 1 manojo
Alcachofas: 250 g
Lechuga: 1 unidad
Cebollas: 2 unidades
Aceite: 1 dl
Ajos: 1 cabeza
Laurel, pimienta, clavo, sal

Se ponen a cocer las judías, después de remojadas unas doce horas, en agua fría con laurel, la cabeza de ajos, la carne de cerdo, el aceite y la sal. Cuando estén casi tiernas, a las dos horas o dos horas y media, se van añadiendo las verduras limpias y por este orden: primero los guisantes desgranados, la zanahoria, luego la lechuga cortada en juliana gorda, las alcachofas bien peladas de las hojas exteriores y cortadas en cuartos, y las cebollas picadas. Si los espárragos son muy tiernos, se echan diez minutos antes de terminar la cocción,

Habichuelas con arroz (Albacete) (izda.), receta en pág. 58.
Olla manchega (dcha.).

aprovechando solamente la parte tierna. Se sazona con una pizca de laurel, clavo y pimienta, molidas las tres especias, y se rectifica el punto de sal. Se sirve para tomar en plato hondo, con el magro de cerdo cortado en trozos. Es una comida muy sana y completa.

Habichuelas con arroz (Albacete)

INGREDIENTES PARA 6 RACIONES:

Judías blancas: 400 g
Arroz: 1 tacita de moka
Ajos: 2 dientes
Pimentón: 1 cucharada
Aceite: 1 dl
Sal, laurel

Después de haber estado las alubias a remojo de agua templada durante doce horas se ponen a cocer con sal y una hoja de laurel. Cuando rompa el hervor, se «asusta» con un chorreón de agua fría y se mantienen a fuego lento durante una hora y media. Mientras tanto, se pican los dos dientes de ajo y se doran en la sartén con el aceite, se añade el pimentón. Cuando ya tienen buen color se aparta del fuego y se deja que se haga unos minutos sin dejar de mover para que no se queme. Se añade al guiso y se deja que termine de hacerse con el fuego flojo y moviendo la cazuela de cuando en cuando para que no se deshagan las judías con la cuchara. Veinte minutos antes de servirlas, se añade el arroz, y cuando haya roto el hervor de nuevo, se prueba para rectificar el punto de sal. Se sirve todo junto.

Alubias de Tolosa

INGREDIENTES PARA 8 RACIONES:

Alubias de Tolosa: 1/2 kg
Tocino: 200 g
Cebolla: 1 unidad
Aceite de oliva: 4 cucharadas
Morcillas: 4 unidades
Chorizos: 2 unidades
Repollo de berza: 2 kg
Sal

Se ponen las alubias en remojo durante unas ocho horas. Se escurren y se colocan en un puchero cubiertas con agua fría. Se añade media cebolla picada, un chorreón de aceite y el tocino. Se acerca al fuego y se hace hervir a fuego lento, añadiendo agua fría para que siempre las cubra, y moviendo

la cazuela para que espese la salsa. A mitad de cocción se añade el chorizo y la sal.
Se pica el resto de la cebolla muy fina y se estofa en el aceite. Se añade a las judías. Se deja cocer lentamente hasta que estén tiernas.
Se lava y se pica el repollo y se cuece en agua hirviendo con sal; a mitad de cocción, se añade la morcilla y se deja que se haga, procurando que la cantidad de agua sea la mínima. Se escurre, se riega con un chorreón de aceite en el que se habrá frito un diente de ajo cortado en láminas. Se sirve en una fuente con la morcilla por encima. Las alubias se sirven en legumbrera y la berza se toma en el mismo plato.

Crema de alubias

INGREDIENTES PARA 6 RACIONES:

Alubias cocidas: 1 tazón
Cebollas: 2 unidades
Agua de la cocción de las alubias: 1/4 litro
Mantequilla: 100 g
Caldo: 1 1/2 litro
Nata líquida: 1/2 dl

Pelar las cebollas y picarlas muy finas, cuando estén, se rehogan en la mantequilla, en cacerola tapada y a fuego muy suave para que no tomen color. En cuanto se hagan, se añade el caldo de las judías y se deja cocer unos diez minutos. Las judías se pasan por el pasapurés sobre el caldo, se añade la nata líquida, se rectifica el punto de sal y se sirve muy caliente, espolvoreado de perejil picado.

Judías encarnadas a la maconesa

INGREDIENTES PARA 6 RACIONES:

Judías: 1/2 kg
Tocino: 250 g
Harina: 1 cucharada
Vino tinto: 1 vaso
Manteca de cerdo: 50 g
Ajo: 1 diente
Cebolla: 1 unidad
Perejil, laurel, tomillo, sal, pimienta

Se ponen a remojo las judías la víspera. En la olla exprés con la rejilla puesta, se ponen las judías, el tocino cortado en cuadritos y el vino tinto. Con un hilo se ata el laurel, perejil y una rama de tomillo y se echa en las judías. Se pone en el fuego una sartén con la manteca y

se fríe la cebolla picada y el ajo. Cuando está dorado se agrega la harina y se deslíe con dos tazas de agua fría. Se echa todo sobre las judías, se agrega sal y se tapa la olla poniéndola en el fuego, dejándolas cocer a presión veinte minutos. Se retira, se enfría y se abre la olla. Se deja reposar un rato y se sirve en la legumbrera, espolvoreando la superficie con perejil picado.

Judías con almejas

INGREDIENTES PARA 8 RACIONES:

Judías blancas: 1/2 kg
Almejas, chochas o chirlas: 1/2 kg
Aceite: 1 dl
Ajo: 2 dientes
Cebolla: 1/4 kg
Pimentón: 1 cucharadita
Laurel, perejil, tomillo, sal, unos granos de pimienta

Se ponen las judías a remojo de agua templada la víspera.
Se escurren y se colocan en cazuela cubiertas de agua fría. Se acercan al fuego, cuando rompa el hervor se asusta con agua fría y se deja que vuelvan a hervir. Se añaden las hierbas y los granos de pimienta, se deja cocer hasta que estén tiernas. Tardarán entre una hora y media y dos horas, según la calidad de las judías. Se procura que durante la cocción estén cubiertas de agua, pero que no sobre.
Se ponen las almejas en agua salada durante una hora para que escupan la sal (si es posible, como mejor resulta es con agua de mar). Se lavan por fuera. Se pica la cebolla y los ajos muy finos y se estofa en el aceite a fuego suave. Antes de que tomen color, se añaden las almejas y un cucharón del agua de cocer las judías, se tapa y se espera que se abran. Se espolvorea de pimentón y con cuidado de que no se queme, se da unas vueltas sobre el fuego. Si se quiere, se suprime una de las conchas de las almejas y se une todo con las judías, a las que se les habrá añadido la sal poco antes de terminar la cocción. Se da unos hervores al conjunto, moviendo la cazuela para que engorde la salsa. Si fuera necesario, machacar o pasar en puré unas cuantas judías y se añade para que tenga un punto adecuado. Se rectifica el punto de sazón y se sirve.

Judías encarnadas a la maconesa (arriba). Judías con almejas (abajo).

Cocido de judías blancas

INGREDIENTES PARA 6 RACIONES:

Judías blancas: ¹/₂ kg
Tocino: 50 g
Chorizo: 1 unidad
Morcilla delgada: 1 unidad
Cebolla: ¹/₂ unidad
Ajo: 1 diente
Aceite: 3 ó 4 cucharadas
Perejil: 1 rama
Sal, pimienta

Se ponen a cocer las judías (si son secas con agua fría, rompiendo por tres veces el hervor añadiendo cada vez medio vasito de agua fría, y si son recién recolectadas se ponen a cocer con agua templada); se añade el tocino y la morcilla, previamente pinchada por varios sitios con un alfiler (téngase cuidado para que no se reviente y de que esté siempre bien tapada de líquido) y se hace cocer despacio para que las judías no se rompan. Al cabo de

Potaje de judías blancas a la francesa (pág. izda., izda.).
Cocido de judías blancas (pág. izda., dcha.).
Sopa de puré de judías encarnadas (pág. dcha. arriba).
Potaje de judías de Malagón (pág. dcha. abajo), receta en pág. 62.

una hora se retira la morcilla y se reserva.
Se pone en una sartén al fuego, se calienta, se añade el chorizo partido en rodajas, se hace sofreír un poco, se añade la cebolla bien picadita, se sofríe durante unos minutos, se echa entonces todo en una cazuela, se añaden las judías y se deja cocer muy lentamente. Si el caldo resultara delgado se engorda pasando unas judías por el chino y añadiendo lo pasado a la salsa. En un poco de aceite se fríe la morcilla. Se sirve colocando encima de las judías el tocino y la morcilla partida en rajas.

Potaje de judías blancas a la francesa

INGREDIENTES PARA 6 RACIONES:

Judías blancas: ¹/₂ kg
Mantequilla: 125 g
Perejil picado: 1 buena cucharada
Cebolla: 1 unidad
Sal, pimienta

Se ponen a cocer las judías blancas, que habrán estado en remojo desde la víspera, con agua fría y una cebolla entera (no se pica). Una vez cocidas se

escurren, se retira la cebolla y se reserva un poco del agua de las judías.
En una cacerola con mango se ponen las judías, la mantequilla en varios trozos, el perejil y ¹/₂ dl del agua de las judías. Se calienta y se sacude la cacerola para ligarlo, no se puede revolver, pues se revientan las judías. Se sirve.

Sopa de pure de judías encarnadas

INGREDIENTES PARA 4 RACIONES:

Caldo: 1 litro
Judías encarnadas: ¹/₄ kg
Cebollas: 50 g
Zanahorias: 70 g
Hierbas: 1 ramito (perejil, tomillo y laurel)
Vino tinto: 1 copita (facultativo)
Sal y costroncitos de pan frito

Se ponen en una cacerola al fuego las judías encarnadas, la cebolla y la zanahoria, cortadas en trozos, el ramito de hierbas y un litro y medio de agua fría. Cuando rompe el hervor se agrega un poco de agua fría, y esto se hace tres veces. Se cuece despacio hasta que las judías se aplasten fácilmente. Se escurren echándolas en un colador, se

retira la cebolla y la zanahoria, así como el manojito, y se pasa por un tamiz o por el chino (los cocineros la pasan por la estameña, resultando mucho más fino).

Se vuelve a poner el puré en una cacerola, se añade esta vez caldo y se cuece a fuego vivo, removiendo con una cuchara de madera para que no se apelotone. Cuando rompe el hervor, se retira a una esquina para que hierva despacio y sólo en un costado. Se retira (con una cuchara) la espuma que va subiendo a la superficie. Esto se hace durante unos treinta minutos. Se echa en la sopera y se sirve, poniendo aparte en un plato pedacitos de pan frito.
Nota: si se pone vino, éste ha de ser tinto. Se pone a calentar, añadiéndolo a las judías después de las tres adiciones de agua fría. Si se quiere que resulte más suculento se añaden 30 gramos de mantequilla en la sopera.

Potaje de judías de Malagón

INGREDIENTES PARA 6 RACIONES:

Judías: 1/2 kg
Ajos: 1 cabeza
Guindilla verde: 1 unidad
Oreja de cerdo: 1 unidad
Panceta de año: 150 g
Morcilla: 1 unidad
Patata: 1 unidad
Laurel: 1 hoja
Tomate: 1 unidad
Pimiento: 1 unidad
Sal

Poner las judías a remojo de agua templada con sal, la víspera. Al día siguiente, se escurren y se ponen en el puchero con la cabeza de ajos, la guindilla, la oreja de cerdo bien limpia y chamuscada y la panceta. Se acerca al fuego y cuando rompa el hervor se corta con un chorro de agua fría. Se añade la patata, el pimiento y el tomate, pelado, todo bien limpio. Se deja cocer a fuego lento, hasta que las judías estén casi hechas, entonces se sazonan con sal y se añade la morcilla.

Se mueve la cazuela entera para que engorde la salsa y si no es suficiente, se machacan unas cuantas judías en el mortero y se añaden.

Moros y cristianos

INGREDIENTES PARA 8 RACIONES:

Judías coloradas: 1/2 kg
Tocino: 100 g
Chorizo: 2 unidades
Morcilla: 1 unidad
Aceite: 1/2 dl

Cebolla: 1 unidad grande
Ajo: 1 diente
Perejil: 1 rama
Tomate: 1 unidad
Arroz: 4 tacitas de moka

Se ponen las judías a remojo de agua la víspera. Se escurren, se colocan en una cazuela y se cubren de agua fría.

Cuando rompa el hervor se corta con un chorrito de agua fría, repitiendo la operación hasta tres veces. Se añade el tocino y un chorreón de aceite, y cuando estén a medio cocer, se añade el chorizo, la morcilla y la sal. Se pica la cebolla y el ajo y se estofan en el aceite, con el perejil picado también. Se añade a la judías y se dan unos hervores, moviendo la cazuela para que espese la salsa. La cocción debe ser suave para que no se rompa el pellejo.
Cocer el arroz en abundante agua hirviendo salada, durante quince minutos, se escurre y al momento de servir se une a las judías o se sirve en fuente aparte. El tocino y el chorizo se corta en trocitos antes de llevarlo a la mesa.

Moros y cristianos.

Indice de recetas

Vocabulario de americanismos

Aceite: oleo.
Aceituna: oliva.
Ajiaceite: alioli, ajolio, ajada.
Ajo: chalote.
Albondigas: bodoque.
Alcaparras: pápara, tapara, capuchina.
Alubias: arveja, calamaco, caraota, fréjol, fríjol, judía, poroto, rabichuela.
Anchoas: anchova, boquerón.
Apio: apio España, celerí, arracachá, esmirnio, panul, perejil macedonio.
Arroz: casulla, macho, palay.
Azafrán: díjol, color, brin, croco.
Bacalao: abadejo.
Bacon: tocino ahumado, panceta ahumada, tocineta.
Butifarra: salchicha, chorizo.
Calabacín: calabacita, calabaza, zambo, zapatillito, hoco.
Calabaza: caigua, bulé, zapallo.
Callos: can-can, menudo, mondondo, tripa, vientre, guatitas, chinculines, achuras.
Carne de vaca: carne de res.
Cebolleta: cebolla cabezona.
Champiñones: seta, hongo.

Chirlas: almeja pequeña.
Chorizo: salchicha.
Clavo: clavo de olor, clavete.
Cocido: olla, puchero.
Codorniz: coyoleo.
Comino: alcaravea, kummel.
Endibias: escarola.
Espesar: ligar, trabar.
Garbanzos: mulato.
Guindilla: ají picante, chile picante.
Guisantes: alverja, arveja, chicharo, petit pois, poroto.
Hierbabuena: hierba santa, hierba menta, huacatay.
Huevo: blanquillo.
Jamón: pernil.
Judías blancas (monchetas): faba, fasol, frejol, frisol, frisuelo, trijol, habichuela, poroto, alubia.
Judías verdes: bajoca, chaucha, poroto verde, vaina, ejote.
Limón: acitrón, bizvaga.
Magro de cerdo: lomo de cerdo.
Mantequilla: manteca.
Manzana: pero, perón.
Mostaza: jenabe, mostazo.

Nabos: coyochos.
Nata líquida: crema de leche sin batir.
Nuez: coca.
Ñora. ají muy picante, chile picante, pimiento, pimentón.
Pan rallado: pan molido.
Pasas de corinto: pasas, uvas sin carozo, uva pasa sin semilla.
Pato: carraco, parro, ánade.
Pierna: canilla.
Pimentón: chile poblado.
Pimienta: pebre.
Pimiento rojo: chile, ají.
Pimiento verde: (Mex.) poblano, nora (Chile) gualpe.
Puerro: ajo-porro, porro.
Repollo: col.
Salchichas: chorizo, (gruesa) cervela moronga.
Salsa de tomate: tomatican.
Setas: hongo.
Sofreír: saltar, saltear.
Tocino: cuito, lardo, muerco, unto.
Tomate: jitomate.
Vino tinto: tinto.
Zanahoria: azanaoria.